"十二五"国家重点图书出版规划项目

文化系列

京族史话

A Brief History of the Jing Ethnic Group

何思源 编著

社会科学文献出版社
SOCIAL SCIENCES ACADEMIC PRESS (CHINA)

总　序

　　中国是一个有着悠久文化历史的古老国度，从传说中的三皇五帝到中华人民共和国的建立，生活在这片土地上的人们从来都没有停止过探寻、创造的脚步。长沙马王堆出土的轻若烟雾、薄如蝉翼的素纱衣向世人昭示着古人在丝绸纺织、制作方面所达到的高度；敦煌莫高窟近五百个洞窟中的两千多尊彩塑雕像和大量的彩绘壁画又向世人显示了古人在雕塑和绘画方面所取得的成绩；还有青铜器、唐三彩、园林建筑、宫殿建筑，以及书法、诗歌、茶道、中医等物质与非物质文化遗产，它们无不向世人展示了中华五千年文化的灿烂与辉煌，展示了中国这一古老国度的魅力与绚烂。这是一份宝贵的遗产，值得我们每一位炎黄子孙珍视。

　　历史不会永远眷顾任何一个民族或一个国家，当世界进入近代之时，曾经一千多年雄踞世界发展高峰的古老中国，从巅峰跌落。1840 年鸦片战争的炮声打破了清帝国"天朝上国"的迷梦，从此中国沦为被列强宰割的羔羊。一个个不平等条约的签订，不仅使中国大量的白银外流，更使中国的领土一步步被列强侵占，国库亏空，民不聊生。东方古国曾经拥有的辉煌，也随着西方列强坚船利炮的轰击而烟消云散，中国一步步堕入了半殖民地的深渊。不甘屈服的中国人民也由此开始了救国救民、富国图强的抗争之路。从洋务运动到维新变法，从太平天国到辛亥革命，从五四运动到中国共产党领导的新民主主义革命，中国人民屡败屡战，终于认识到了"只有社会主义才能救中国，只有社会主义才能发展中国"这一道理。中国共产党领导中国人民推倒三座大山，建立了新中国，从此饱受屈辱与蹂躏的中国人民站起来了。古老的中国焕发出新的生机与活力，摆脱了任人宰割与欺侮的历史，屹立于世界民族之林。每一位中华儿女应当了解中华民族数千年的文明史，也应当牢记鸦片战争以来一百多年民族屈辱的历史。

当我们步入全球化大潮的 21 世纪，信息技术革命迅猛发展，地区之间的交流壁垒被互联网之类的新兴交流工具所打破，世界的多元性展示在世人面前。世界上任何一个区域都不可避免地存在着两种以上文化的交汇与碰撞，但不可否认的是，近些年来，随着市场经济的大潮，西方文化扑面而来，有些人唯西方为时尚，把民族的传统丢在一边。大批年轻人甚至比西方人还热衷于圣诞节、情人节与洋快餐，对我国各民族的重大节日以及中国历史的基本知识却茫然无知，这是中华民族实现复兴大业中的重大忧患。

中国之所以为中国，中华民族之所以历数千年而不分离，根基就在于五千年来一脉相传的中华文明。如果丢弃了千百年来一脉相承的文化，任凭外来文化随意浸染，很难设想13亿中国人到哪里去寻找民族向心力和凝聚力。在推进社会主义现代化、实现民族复兴的伟大事业中，大力弘扬优秀的中华民族文化和民族精神，弘扬中华文化的爱国主义传统和民族自尊意识，在建设中国特色社会主义的进程中，构建具有中国特色的文化价值体系，光大中华民族的优秀传统文化是一件任重而道远的事业。

当前，我国进入了经济体制深刻变革、社会结构深刻变动、利益格局深刻调整、思想观念深刻变化的新的历史时期。面对新的历史任务和来自各方的新挑战，全党和全国人民都需要学习和把握社会主义核心价值体系，进一步形成全社会共同的理想信念和道德规范，打牢全党全国各族人民团结奋斗的思想道德基础，形成全民族奋发向上的精神力量，这是我们建设社会主义和谐社会的思想保证。中国社会科学院作为国家社会科学研究的机构，有责任为此作出贡献。我们在编写出版《中华文明史话》与《百年中国史话》的基础上，组织院内外各研究领域的专家，融合近年来的最新研究，编辑出版大型历史知识系列丛书——《中国史话》，其目的就在于为广大人民群众尤其是青少年提供一套较为完整、准确地介绍中国历史和传统文化的普及类系列丛书，从而使生活在信息时代的人们尤其是青少年能够了解自己祖先的历史，在东西南北文化的交流中由知己到知彼，善于取人之长补己之短，在中国与世界各国愈来愈深的文化交融中，保持自己的本色与特色，将中华民族自强不息、厚德载物的精神永远发扬下去。

《中国史话》系列丛书首批计200种，每种10万字左右，主要从政治、经济、文化、军事、哲学、艺术、科技、饮食、服饰、交通、建筑等各个方面介绍了从古至今数千年来中华文明发展和变迁的历史。这些历史不仅展现了中华五千年文化的辉煌，展现了先民的智慧与创造精神，而且展现了中国人民的不屈与抗争精神。我们衷心地希望这套普及历史知识的丛书对广大人民群众进一步了解中华民族的优秀文化传统，增强民族自尊心和自豪感发挥应有的作用，鼓舞广大人民群众特别是新一代的劳动者和建设者在建设中国特色社会主义的道路上不断阔步前进，为我们祖国美好的未来贡献更大的力量。

陈奎元

2011 年 4 月

出版说明

自古至今，始终坚持不懈地从漫长的文明进程中不断总结历史经验教训，从中汲取有益营养，从而培植广阔的历史视野，并具有浓厚的历史意识，这是我们中国文化独有的鲜明特征，中华民族亦因此而以悠久的"重史"传统著称于世。在整个人类文明史上独一无二、系统完备的"二十四史"即证明了这一点。

中华人民共和国成立后，历史知识普及工作被放到十分重要的位置。20世纪五六十年代，著名历史学家吴晗主持编写的《中国历史小丛书》，90年代中国社会科学院院长胡绳组织编写的《中华文明史话》和《百年中国史话》，成为"大家小书"的典范，而后两套历史知识普及丛书正是《中国史话》之缘起。

2010年年初，为切实贯彻中央关于"做好历史知识普及工作"的指示精神，同时也为了更好地弘扬中国传统文化，我们对《中华文明史话》和《百年中国史话》

两套丛书的内容进行了修订和增补，重新设计框架，以"中国史话"为丛书名出版。第十一届全国政协副主席、时任中国社会科学院院长陈奎元亲任《中国史话》一期编委会主任，时任中国社会科学院副院长武寅任编委会副主任。正是有了各级领导的关心支持和诸多学术名家的积极参与，《中国史话》一期200种图书得以顺利出版，并广受好评。

《中国史话》丛书的诞生，为历史知识普及传播途径的发展成熟，提供了一种卓具新意的形式。这种形式具有以通俗表述、适中篇幅和专题形式展现可靠历史知识的特征。通俗、可靠、适中、专题，是史话作品缺一不可的要素，也是区别于其他所有研究专著、稗官野史、小说演义类历史读物的独有特征。

囿于当时条件，《中国史话》一期的出版形式不尽如人意，其内容更有可以拓展的广阔空间，为此2013年4月我们启动了《中国史话》二期出版工作。《中国史话》二期分为经济、政治、文化、社会和生态五大系列，拟对中国各区域、各行业、各民族等的发展历史予以全方位介绍。我们并将在适当时机，启动《世界史话》的出版工作。史话总规模将达数千种。

我们愿携手海内外专家学者，将《中国史话》《世界史话》打造成以现代意识展现全部人类历史和人类文明，集学术性、知识性、趣味性于一体的"万有文

库"；并将承载如此丰厚内容的史话体写作与出版努力
锻造成新时期独具特色的出版形态。

希望史话丛书能在形塑民族历史记忆、汲取人类文
明精华、培育现代国民方面有所贡献，并为广大读者所
喜爱。

史话编辑部

2014 年 6 月

目 录
Contents

序

　　作为一个京族人，之前写过一些介绍本民族语言文化、民情风俗的文章。这次编著《京族史话》，让本民族悠久的历史文化积淀和质朴的风土人情以文字和图片的形式跃然纸上，终于圆了我的一个心愿。

　　京族是中国唯一从事海洋产业的少数民族，是广西特有的民族之一。它的历史俨然一幅壮阔的画面，所囊括的内容体现了较长的时间跨度与较广的空间跨度。之前关于京族的不少文章和著作，作者大都为别的民族，由于民族语言、民族心理等方面存在不可避免的差异，其书写总是"他者的历史"。书写自己的民族，如何在继承前人研究成果的基础上，打破隔阂，克服不足，把"他观"与"自观"相结合，是作者在撰写过程中要完成的任务。作者努力呈现一个全新视角，让读者了解孕育出了多元文化和多元经济共荣的京族。全书内容丰富，涉及经济、社会、文学、自然、人口学、民族学、文化人类学、民俗学等相关学科。书中的不少引文和主要数据是作者费尽心思从大量已有文献资料中整理提炼的，还有一部分是在实际田野调查中获得的第一手资料。所引用的史料出处明确，言之有据；田野调查得来的各种资料，使该书的资料更为新颖、生动，论证充分而具有说服力。作者在钩沉重大历史线索或历史现象的同时，避免进行严密的资料展示，既尊重"史"的真实原则，又不失"话"的生动灵活。

由于时间仓促，书中偏颇之处在所难免，还望方家读者指正。希望这本书能为读者深入了解中国的京族打开一扇窗口，为今后京族历史文化研究提供有益的借鉴。

是为序。

何思源

2018 年 10 月

一 族称与族源

1 族称

在我国海岸线的南端起点与陆地边界线的交汇处，生活着一个人口很少的少数民族，它被称为中国唯一的海洋民族，同时又兼具农耕的身份，它就是广西特有的少数民族——京族。

关于京族名称的由来，流传较广的一种说法是：在 20 世纪 50 年代，原先被称为"越族""安南族"的这部分人希望更名为"京族"，这个提议上报国务院之后，当时的国务院总理周恩来说："京族"这个名称好，"心向北京"嘛。

人们记住了"心向北京"，以为这就是"京族"的由来，却忘记了"京族"这个名称只是周总理同意的"更名"，而不是周总理"赐名"的。也就是说，"京族"是根据本民族意愿更改过来的，是自称而不是他称。自称反映了该民族对自身的认识、评价和自我意识，它有其历史与渊源。

让一个京族人用他们的民族语言读一下"京族"两字，

你会发现其发音和汉语非常相似（和粤方言发音尤其接近），再让对方解释一下那个"京"字，他会说，和汉语的"京"差不多一个意思，不等于"北京"，但应该是和"京城""京都"有关联的。

这个信息至少说明了一个事实："京族"的"京"，读音和意义，和汉语几乎一样。这个民族的语言和汉语联系密切，可见这个民族在历史发展过程中和汉民族有着密切的接触。

既然"京族"是自称，那我们再来看看关于这个民族的他称。汉语言文献里，较早提到居于中国的这部分人群时，称之为交趾人、交人、交趾族。如《防城县志》（即民国时期《防城县志初稿》）第一章第二节"居民之缘起"记载："县境原野丘陵间，最初为交趾族与僮族居住。"

随着"交趾"成为历史名词，如今汉族已不再这么称呼京族人了，但周边的壮族、瑶族、苗族等民族仍称呼京族人为"交人"。

相比"交趾"的书面语，口语中京族被称作"安南人""安南族"的比较多。唐代初叶，当时越南由中国安南都护府管辖，因此古代越南有相当长时间又称安南。越南在清嘉庆前是中国的属国，被称为安南国。京族人被称为"安南人"就源于此。

"越族"是京族最为普遍的他称。越族者，越南族之简称，在 1958 年以前用于称呼京族人。1958 年，根据其历史、语言、文化特点、生活习俗和本民族的意愿，经国务院批准，"越族"正式更名为"京族"。

2 族源

据文献记载，栖息于中南半岛红河三角洲地区的百越人的一支，经过千百年的发展，创造了较为发达的文明，建立起了自己的都城。其都城多次易名，曾称中京、上京、东京等。由于他们居住在京畿一带，经济文化有别于周边的寨人和蛮人，因此自称"京人"。把自己的城邑称为"京都"，这是在交趾（古代越南的称呼）脱离中国取得独立的公元 10 世纪之后。而在此之前，交趾一直属于中国版图，漫长的"北属时期"使该民族的语言受到了汉语的深刻影响，故而此"京"与汉语的"京"音义基本相似也就不奇怪了。大约从 16 世纪起，一部分"京人"就从越南涂山、吉婆（译音）等地陆续迁入中国。这部分人一直自称为"京人"，新中国成立后，根据本民族的意愿定名为"京族"。

越南的主体民族也自称京族。也就是说，京族是个跨境民族。然而越南的主体民族自 20 世纪 70 年代以来似乎不太认"京族"这一称呼。例如 1977 年 7 月 3 日河内《人民报》署名"江山"的一篇文章说："'京'族这个词不知从何而来，它既没有历史根据，又没有普及全国各地的意义。"国际上多把越南的主体民族称为"越族"，本书如无特别说明，"京族"均指中国的京族。

二 民族发展概况

1 民族迁徙

京族是从越南迁徙而来的，那么它是什么时间、出于什么原因来到现今的居住地的呢？

1953 年中南民委和广西民委联合调查时，曾在京族聚居的"三岛"（即山心、巫头、沥尾三个岛屿，后来填海造田成为半岛，但习惯仍称"三岛"）发现一批珍贵文物，这些文物材料中有一份清光绪元年（1875）订立的乡约，其中有"承先祖父洪顺叁年贯在涂山，漂流出到……立居乡邑，壹社贰村，各有亭祠"的记载。"洪顺"是 16 世纪后越南黎王朝的年号，而洪顺三年即公元 1511 年，相当于我国明朝武宗正德六年。由此可以看出，最早迁来的这一部分京族至少已经有500 多年的历史了。另据被认为是最早迁来的刘、阮两姓族人追述，他们的始祖原住在越南吉婆，后迁至越南涂山，沿海以打鱼为生。一次偶然的机会，他们从北部湾追捕鱼群来到巫头岛，看见岛上荒无人烟，周围又有较好的渔场，便决定在此地定居，至今约有十六七代了。若以每代25年计算，至今至少也有400多年，这与乡约中的记载是相符的。京族民间流传其先祖来自"涂山"，较早关于"涂山夷人"的汉语言文献记载是明代的《东粤疏草》：官府派峒官黄克钦奉文到安南黎朝传令，涂山夷人护送黄往返于钦州与安南之间，这引起了黎朝统治者与其他贼党的妒恨，涂山夷人遭贼党攻杀。万历三十六年（1608）中原朝廷大征安南夷贼，涂山夷人便主动发挥策应配合的作用。征剿完成后，涂山夷人因与明官府合作而得到格外安置。现今广西防城港市沿海族群（包括京族）大多宣称自己的祖先来自涂山（桃山），概出于此。这说明相关的汉语言文献也支持京族是在中国明朝时期迁入的这一说法。近年来也有一些学者从一些民俗事相推断京族最早迁入的时间不应晚于越南陈朝（1226～1400）。

　　民族的迁徙，原因复杂，但大多因谋生或逃难而来，京族也不例外。在"洪顺"（1509～1516）前后的数十年间，越南封建王朝为争夺帝位，互相拼杀，变乱纷繁，朝政腐败不堪，从而导致社会长期混乱，人民饥馑流离，农民起义此起彼伏。1627年以后，越南又相继进入"南北朝""黎皇郑主""郑阮纷争""西山农民起义"等战乱时期。对于靠海吃海、逐鱼而居的京族人来说，逃离多灾多难的故土、寻找更适合捕鱼的地方，来到现今的居住地也在情理之中了。此外，从16世纪起，法国殖民势力大举入侵越南，1885年清政府与法国签订《中法新约》，放弃对越南（当时称"安南"）的宗主权，越南沦为法国殖民地。这样，越南各族人民随之陷入了更加痛苦的深渊。直到近代以来京族人还在陆续迁入现今居住地，其中战乱是迁徙的最大推动力。

京族有从姓氏追溯先祖的传统，从姓氏考察其来源因此比较可信。1953年中南民委及广西民委曾对京族的社会历史进行联合调查，报告中指出：巫头、山心、沥尾三岛，京族共有25个姓氏，各姓群众都公认刘、阮两姓迁来得最早。1958年，广东少数民族社会历史调查组的调查材料（当时京族聚居区划归广东）也指出：防城境内京族共30个姓氏，其中刘姓最多，占20%，阮、黄、吴、苏、武五姓次之，共占41%，来得最早的刘、阮二姓已有16~17代，来得最晚的裴、曾、丁三姓只有2~3代，一般为9代左右。诸姓京族分别从越南涂山、清花、宜安、花丰、瑞溪、芒街、万柱、角白等地迁来。

值得指出的是，移居中国的京族被附近的越南人称为"唐人"，同时又被当地的汉人称为"安南人"，这种尴尬的状况其实揭示了京族先祖中有一部分与汉族人有血缘关系。调查中有一部分京族人称自己为"汉裔"。在采访的众多京族群众中，有3位老人（一位是曾外出工作的退休干部，一位在新中国成立初曾任村干部，一位是企业退休职工，曾在外省当过兵）提到其家族原是从福建迁来的，其中两人都有"从福建先到越南，再从越南转到此地"的说法，还有京族群众认为沥尾的范氏原来是汉族，后来变成京族。在民族压迫、民族歧视比较严重的时代，避讳自己是京族而攀附为汉裔是常有的事，但在实现了民族平等及京族民族自尊心和自豪感都得到了

张扬的时代，这显得有点儿匪夷所思。原来，京族先祖所在的
涂山与吉婆岛，自元代就是一个繁荣的国际商贸港口，与中国
联系紧密。《大越史记本纪全书》卷五《陈纪一》载"其俗以
商贩为生业，饮食衣服，皆仰北客，故服用习北俗"。"北客"
"北俗"之"北"，均指中国。明清实行海禁，但《清实录·
清圣祖实录》载："（安南）地处西南，与内地毗连，由与吕
宋、噶喇吧等国相隔遥远，应照东洋之例，听商贾贸易。"
《清实录·圣祖康熙实录》载："澳门夷船往南洋贸易及内地
商船往安南贸易，臣面奏请旨不在禁例。"《广东海防汇览》卷
三十七《方略二十六》载："国朝康熙五十七年……往南洋贸
易及内地商船往安南贸易，准其行走，不在禁例。"因此可知
海禁之下，中国商船仍可到安南贸易。在当时特殊的国际和国
内形势下，前明遗民和抗清志士、破产商人、手工业者以及没
有土地或失去土地的农民、被掠为仆或为奴的中国边民等，在
安南定居、融入当地居民的为数不少。这就不难解释有一部分
京族人有汉族人血统了。有专家指出，从语言上看，相当一部
分京族人的先祖是越南太平省人；从家谱上看，有些京族人原
先是中国的汉族人，迁入越南后逐渐融入当地社会，成为越
族，而后又转至现今广西东兴市江平镇的滨海岛屿等地居住，
成为京族。

　　综上所述，从族源来看，京族与越南的主体民族同源同根。
它是以越族为主体，在发展过程中融合、同化了其他一些民族
及其文化而形成的。按照比较通行的京族自 16 世纪起陆续迁入
中国的说法，本书所言的京族历史文化，则从 16 世纪开始。

迁徙而来的民族

2 生态环境

京族聚居的"三岛"位于中国大陆海岸线的最西南端,东临珍珠港,背倚十万大山,南濒北部湾,西与越南隔海相望,与越南的万柱岛仅一水之隔,距离世界自然遗产、被誉为"海上桂林"的著名风景区越南下龙湾只有180公里。西至东兴市20多公里,东至防城港30多公里,距越南北方重要城市海防110海里,距北海港52海里,距海南海口市130海里。由于在北回归线以南,属亚热带季风气候,年平均气温在22℃左右,最高32℃,最低10℃。年均日照量超过2100小时,日照充足,终年无冰霜,草木繁茂,四季常绿。年降雨量为1300~2800毫

米。6 月至 8 月雨量较多,几乎占全年降雨量的一半;1 月和 12
月雨量较少,仅占全年降雨量的 1/10～1/5。1 月至 4 月多细雨,
海面常有浓雾,清晨雾气更多,是雾季。全年平均湿度为 83%。
沿海多季风,每年 9 月至翌年 1 月为东北季风期,从北方吹来的
干冷大陆气团经常侵入,风力一般 4 至 7 级。4 月至 7 月为西南
季风期,风力不很强,但海面浪较大。季风期内的月份,除 7
月至 10 月常受台风侵袭外,其余为转风期,风向不稳定,但多
数是偏东或偏南风,风力一般为 3 级以下。全年平均风速 5.1 米
/秒,年均超过 8 级以上大风的天数达 39.5 天。

　　"三岛"是由海水冲积而成的沙岛,海拔在 4～8 米,其
排列颇似一个"品"字形。沥尾岛处于江平半岛的最南端,
地势平坦,地形狭长似带;巫头岛中间凸出,两头下垂,地形
呈纺锤状;山心岛地势周围高,中间低,呈盆地状。山心的土
地较肥沃,土壤多含泥层,宜种花生和杂粮作物。巫头的中部
以含泥层为主,水分较少,可以种植经济作物。沥尾的滨海地
带以含沙层为主,颜色由灰白色到灰褐色,个别坡地以泥沙层
为主,多种红薯、玉米等。由于河流溪流少、土地干燥,三岛
的淡水来源主要是雨水。20 世纪六七十年代,由于填海造田,
"三岛"已成半岛。增加了良田的同时,还修筑了连接大陆的
海堤,把大陆的淡水引到岛上,大大改变了过去的"吃水靠
天,等雨灌田"的状况。

　　独特的地理环境和宜人的气候造就了优美的自然环境,优
美的自然环境营造了丰富的旅游资源。巫头绿丛曲径,使人仿
佛身处桃源幽境;岛上有一片面积达几千亩的沙滩,白沙皑

皑，沙上绿树成荫，一派活生生北国林海雪原风光，号称"南国雪原"。巫头还有一座远近闻名的万鹭山（也叫万鹤山）。山上栖息着数万只白鹤和白鹭。如果遇到清晨和傍晚，能看到它们壮观的出巢和归巢，只见鹤鹭和鸣，白鸟翔集，白沙、绿树、白羽，构成了一幅绝妙无比的画面，每天吸引着无数的游客前往观赏。沥尾岛数十里长的防浪护堤、葱茏婆娑的木麻黄防风林带和纯天然的、宽阔平坦细软柔爽的沙滩，沙质细软金黄，被誉为"金滩"，集坡缓、水暖于一身，无污染、无鲨鱼、无礁石，可同时容纳 5 万人进行海水浴和沙滩运动。岛上绿树成阴，海水洁净碧蓝，浅水区宽阔平坦，白日风平浪静，实在是一个得天独厚的海滩浴场、旅游胜地。山心岛相对保持了较多传统，只见水田碧绿，鱼塘水满，蕉叶摇曳，民风淳朴，一派亚热带田园风光。整个京族聚居区，现已成为广西旅游热点之一。

3 人口状况

中国现今 55 个少数民族中，有 22 个少数民族的人口在 10 万人以下，总人口 60 多万人，被统称为人口较少民族。京族人口不多，属于我国的"少小民族"。

自迁入现今的居住地开始，京族人口总体呈现由少到多的增长态势。京族人口的历史虽然横跨几百年，但其演变过程并不是直线渐进的，而是表现出典型的波浪式起伏。当社会比较安定时，其规模呈平稳递增趋势；当社会出现天灾战乱及政治运动时，其规模就会陡然扩大或减小，增减的程度几乎与动乱的大小成比例。从这个意义上说，京族人口史与京族社会历史是一致的。

人口发展变化与人口分布

京族初迁到现今的居住地时人口很少。刚开始只是几户人家，随着时间的推移，族人、亲朋、邻居、同乡等陆续迁入，岛上居民繁衍生息，京族人口渐多。但由于一开始京族人或在人迹罕至处垦荒糊口，并未纳入中国政府的编户之内，或因缺少劳动工具而成为地主的佃雇农（即"网丁"），未纳入政府统计范围，因此未见 1949 年以前的京族人口具体统计数据。

京族人口见诸文字记载的，始于公元 1886 年。当时法国侵略者派兵强占了京族聚居的三岛，将该地 1 万多居民赶走。这些居民中，主要是京族人，还包括一部分汉族和壮族人。

1949 年以前，京族三岛共有 604 户"越族"，大约有 3000 人。但由于历史上的民族歧视、民族压迫等原因，统治者对京族进行驱赶与封锁，许多京族人怕被赶回越南，不敢承认自己的民族，因此许多京族人说汉话、穿汉族服装，说自己是汉族人。所以当时"越族"人口数应该不够准确。

1953 年第一次全国人口普查数据显示，广西"越族"人口数为 6596 人。

1964 年第二次全国人口普查数据显示，全国有京族人口 4293 人，其中广西为 4155 人，占全国京族人口的 96.79%。

1982 年第三次全国人口普查数据显示，全国京族人口已经突破万人，为 13108 人，其中广西为 9864 人，占全国京族人口的 75.25%。

1985 年，广西京族人口突破一万大关达到 10872 人，1987 年进一步增加到约 11800 人。

1990 年第四次全国人口普查数据显示，全国京族人口为 18749 人，其中广西为 16406 人，占全国京族总人口的 87.50%。

2000 年第五次全国人口普查数据显示，全国京族人口超过了 2 万，达到 22517 人，在全国的 31 个省、自治区、直辖市均有分布，其中广西为 20490 人，约占全国京族总人口的 91.00%。京族主要聚居在防城港市，为 18106 人，且大部分分布在防城港市所辖的县级市东兴市，为 13966 人（数据来源于吴满玉、冼少华等编著《当代中国的京族》）。东兴市江平镇的沥尾、巫头、山心三个村（岛）的京族人最为集中，沥尾村有 618 户共 2400 人，巫头村有 337 户共 1380 人，山心村有 354 户共 1285 人，"京族三岛"的京族总共 5065 人，占全国京族总人口的 22.5%。

2007 年，全国京族人口为 20290 人，主要分布在广西，总计 19868 人。其中防城港市 14500 人，这些人中有 13429 人在东兴市（数据来源于吴满玉、冼少华等编著《当代中国的京族》）。而东兴市江平镇的"京族三岛"京族人口共计 5327 人（2009 年 7 月沥尾、巫头、山心三个村委会提供的人口统计数字），约占全国京族的 26.25%。

2010 年第六次全国人口普查数据显示，全国京族人口数逼近 3 万，达到 28199 人，在全国的 31 个省、自治区、直辖

市均有分布，其中广西为 2.15 万人。东兴市京族常住人口
16183 人，其中江平镇就有 12520 人（数据来源于东兴市政府
宣传部办公室），占东兴市京族总人口的 77.37%。其中"京
族三岛"京族人已达到 7635 人，约占全国京族的 27.08%
（数据来源于江平镇政府）。与 2007 年相比，三岛的京族人数
剧增。

京族在其几百年的历史发展过程中，伴随着人口活动特有
的自然环境、政治原因、经济条件等相互作用，逐渐遍及全国
各地。2000 年第五次全国人口普查数据显示，除广西以外，
京族在全国的分布：贵州 641 人，占全国京族总数的 2.85%；
云南 508 人，占全国京族总数的 2.26%；广东 285 人，占全国
京族总数的 1.27%；江西 278 人，占全国京族总数的 1.23%；
海南 123 人，占全国京族总数的 0.55%；其余 192 人分布在全
国其他 25 个省区市，占全国人口的 0.85%。

随着国家民族平等政策的落实，许多京族人"还本归
原"，造成了某些年份京族人口的剧增。分布在广西以外的京
族人，有一些是因工作、经商等原因从广西京族聚居地迁入
的，还有一些是现代以来涌入中国的越南京族。20 世纪 70 年
代，因越南排华，大批旅越华侨携其越南京族配偶回国，被安
置于广东、海南、江西、福建、云南、贵州等地。1982 年全
国京族人口剧增，且广西京族占全国京族人口的比例相对降
低，就是因为侨眷的涌入。90 年代，中越关系正常化后，不
少越南妇女通过跨国婚姻入籍中国，京族人口又有了一定的
增加。

京族人口的特点是总体规模小、增长速度快、阶段性变化明显。1990 年以来京族人口自然增长率正处于逐渐降低阶段，虽然如此，生育率超过 2.1‰，在 56 个民族中排名靠前，相比之下，人口增速还是比其他民族要快的。1990 年以前，广西京族人口占广西各民族总人口的比重始终只在 0.018% ~0.034%；1990 年上升到 0.039%；到了 2000 年，广西京族人口 2.049 万人，占广西总人口的 0.05%，而 2010 年广西京族人口总数已经增长到 2.15 万人，占广西总人口的 0.061%。由此可见京族人口占广西总人口的比例是在逐年增长的。

家庭人口

京族的家庭人口数，经历了由小到大再到小的演变过程。

京族初迁入时，主力是青壮年，因为无论是逐鱼而来还是逃难而来，过于年迈或年幼都难以完成艰辛的征程。早期拓荒生活的性质决定了当时的京族群体更像一个原始公社，首领由有威望、有智谋的男子担当，支配生产、生活和公共事务。即使出现了家庭，规模也较小，多为核心家庭。

随着生活安定下来，一部分京族人返回原居住地把家人和亲友接过来，家庭人口开始增多。出现了由夫妻、夫妻的父母或者直系长辈以及未成年子女组成的主干家庭。

京族社会在新中国成立前出生率和死亡率都比较高，可以推测，这限制了家庭人口数的膨胀，加之长期以来京族社会处于村社社会，家庭财富积累并未达到一定程度，没出现士族门阀，因此也没有那种家庭人口数非常庞大的扩大型家庭（即由核心家庭或主干家庭加上其他旁系亲属组成的家庭）。京族社会到 20 世纪 50 年代，除了个别家庭还保留三四代同居不分炊的以外，绝大多数家庭平均每户不超过 5 人。

家庭人口数较少的核心家庭何时成为京族社会的主流，缺少文献的旁证，但可以推断，随着人口的不断增加和生产力的提高，当一夫一妻制个体家庭开始独立生产和生活时，核心家庭成为社会生产、生活的基本单位，主干家庭一步步分裂。我们更倾向于确认，20 世纪 50 年代的统计数据所显示的传统京族社会中较高比例的核心或是夫妇家庭，有过或是将有一段较长时期生活在三代及以上的复杂家庭中。事实上"分家"习俗在京族社会几百年来一直存在，甚至连家中只有一个儿子的家庭也会因儿子的结婚而分门立户，这已经成为一种文化，其中所涉及的不仅仅是民俗的表面现象，还有一个社会经济和心理发展的深层根源。京族的分家文化是他们的一种理性选择，是符合京族群众利益和愿望的生存方式，是适应外在环境即适应社会经济的一套生存机制。

新中国成立后，京族人口平均家庭规模有所扩大，1982 年第三次全国人口普查数据显示，京族平均家庭规模为 5.14 人，高于全国同期（4.41 人）的平均水平。按计划生育政策，京族基本可以生两个孩子，但近年来独生子女户日渐增多，所以家庭规模相对缩小。第五次全国人口普查时，京族聚居的防城港地区家庭户均规模为 3.76 人，比第四次全国人口普查时的 4.51 人减少 0.75 人，家庭规模有减小的趋势。如今京族只有个别家庭是三四代同堂，全家人口多至 14 人。

虽然家庭人口数已经缩小，但京族社会的核心家庭"分而不散"，"大家"与分出去的"小家"之间仍存在千丝万缕的联系。这些分出去的"小家"，在父系血缘的大旗下，成为宗族形成的基础，小家庭成为宗族网络上的牢固的"结"，以此为基础的社会结构和社会组织的变迁，打上了深深的地缘和亲缘的烙印。

性别构成和年龄构成

京族在早期迁入现今居住地时，男性明显多于女性。战乱纷起之时，女性人口又多于男性。进入和平时期之后，对于人口基数较少的民族来说，只要某些年份婴儿出生率和性别比发生些微变化都能影响整个民族的性别构成。

1990 年以前，京族人口一个突出的自然特征是性别比明显偏低，即男少女多。据 1982 年全国人口普查数据，广西京族人口中男性占 47.88%，女性占 52.12%，性别比 91.87，大大低于全区平均的 107.30。

1990 年，参与调查的 513 户京族户中，1980～1987 年 8 年内共出生婴儿 278 人，其中男婴 138 人，女婴 140 人，出生婴儿性别比 98.57，低于正常值。可以看出京族的性别比又发生了扭转。

2000 年全国人口普查资料显示，京族总人口为 22517 人，其中男性 11328 人，女性 11189 人，性别比为 101.24，低于正常标准总人口性别比（103～106），与同期全国平均水平（106.30）相比也略低。2000 年，京族出生人口性别比为 135.29（正常值为 102～107），高于全国平均水平（117.79），属于重度失衡。"重男轻女"的陈旧观念和男子是主要劳动力的事实是造成京族婴儿死亡性别比偏低的主要原因，同时也造成了出生人口性别比的失衡。2010 年的全国人口普查资料显示，京族性别比又降到 104，属于正常值范围。

在年龄构成上，2000 年以来，京族少年儿童人口比重逐年下降，劳动年龄人口比重和老年人口比重分别增加。京族 60 岁及以上的人口为 2204 人，占 9.79%，按国际通用的"60 岁及以上人口占总人口的 10%、65 岁及以上人口占总人口 7% 以上、少年儿童人口占 30% 以下"的划分标准，2000 年京族人口年龄结构已基本进入老年型行列。2000 年，京族预期寿命为 77.58 岁。这些状况表明老龄化及由此带来的多种人口压力，将是 21 世纪京族地区经济社会发展中需要认真关注和着力解决的重大问题。

就业及职业构成

就业及职业构成是反映社会经济发展程度和男女劳动力的文化科学技术水平的重要指标。在一个完成了工业化和实现了经济现代化的社会，通常是第一产业劳动者的整体比例最低，第二产业劳动者的比例也在不断降低，第三产业劳动者比例超过总数的一半。而一个仍然处在从传统农业向工业化转型的社会，农业劳动力的比例都在 50% 以上。因此，我们可以通过分析一个民族劳动力的就业和职业结构来大致判断该民族社会的发展阶段及工业化进程。

作为一个沿海民族，京族传统的产业是海洋捕捞：以浅海捕捞为主，兼有少量的深海捕捞。后来因为居住地逐渐向内陆地推进，小部分京族人开始种植水稻。传统谋生方式是以渔业为主、以农业为辅。在长期的平权社会生活中，沿海而居的生存环境决定了京族几乎所有劳动力长期以来是以渔业为主导的就业取向。鸦片战争后至新中国成立前，京族社会出现了阶级分化和商业萌芽，但只有小部分京族人从事小商业，绝大部分就业仍集中在第一产业。

新中国成立后政府大力发展京族聚居区的生产力，但直至20世纪50年代，浅海捕捞仍是京族最直接、最主要的生计来源。根据当时的中南民族事务委员会和广西省民族事务委员会共同派出的工作组的调查数据，绝大多数京族人家每年生活费用约有70%以上是依靠捕鱼所得。一直以来，京族人靠海吃海，用海产品与周边民族交易粮食，长时期处于贫困状态。20世纪六七十年代京族地区开始了大规模的围海造田运动，耕地面积有所增加。虽然农业比重依然很低，渔业依然是主要就业去向，但京族的从业结构发生了一些变化。到1982年，广西京族在业人口中从事第一产业的占89.22%，低于广西全区许多少数民族但高于全区平均水平；从事反映工业化程度的第二产业的人数占4.63%；从事反映商品经济发达程度的第三产业的人数占7.65%。后两项均高于全区少数民族平均水平但低于全区平均水平。就业人口的这一特点，是由于京族所处的特殊地理环境（濒临水产资源丰富的北部湾），以及"围海造田"而拥有较多的耕地所决定的。

20世纪80年代末以来，中越边境贸易大门重新开启，不少京族人发挥自身的语言优势投入边境贸易中，京族人的就业及职业构成又发生了重大变化。第三产业从业人员增多，而原先的第一产业从业人员中，已经有不少从浅海捕捞转到海水养殖。90年代末，中越边境贸易调整升级，带动了京族社会经济结构的调整，京族人中从事边贸生意的发生分流，旅游业的兴起又吸纳了相当一部分劳动力，第三产业得到蓬勃发展。

2000年统计数据显示，在15岁及以上人口中，京族劳动力为1.17万人，其中从业人口为1.11万人，失业人口为0.06万人（按第五次全国人口普查表推算），在业率为94.87%，失业率为5.13%。从业人口中，从事第一产业的占50.14%，从事第二产业的占9.68%，从事第三产业的占40.18%。第一产业内部形成了渔、农、牧、林的排序，是京族最具特色的就业结构特征。京族的非农业人口比重也比较高。2000年统计数字表明，京族非农业户口人数约占京族总人口的38.05%，比各少数民族非农业人口占总人口24.73%的平均比例高出13.32个百分点。2000年的统计数字还表明，京族城镇人口比重达到45.1%，人口城镇化水平已相当高。

从就业部门上看，2000年京族物质生产部门就业人口占总就业人口的80.42%，非物质生产部门就业人口占总就业人口的19.58%。同时，新增的劳动人口中，更多的人选择在非物质生产部门就业，京族物质生产部门就业人口比重低于汉族、各少数民族及全国平均水平，而在非物质生产部门就业的人口比重，比汉族、各少数民族及全国平均水平分别高出2.17个、3.03个、2.30个百分点，这说明京族就业人口结构比全国各民族要略为现代一些。

从职业看，2000 年京族从事脑力劳动工作的占全部从业人口的比例为 18.37%，从事城市体力劳动的比例为 31.40%，从事农村体力劳动的比例为 50.23%。其中，担任国家机关、党群组织、企事业单位负责人占从业人口的比例为 2.81%，担任技术工作的占 9.23%，办事员占 6.33%，从事商业、服务业的比例为 19.28%，从事生产、运输设备操作工作的占 11.95%，从事农林牧渔工作的占 50.23%，而从事其他工作的占 0.18%。

受教育程度

一个民族的人口文化科技素质高低，决定了这个民族的发展能力。人口的文化科技素质主要是靠前人传授，学习获得的，是后天的。教育是提高一个国家人民文化科技素质的主要途径。一个民族整体的教育水平越高，这个民族在社会中的影响力也就越大。这说明教育水平对于民族关系发展以及社会的进步意义重大。随着时代的发展以及各项教育政策的落实，京族人的受教育程度在不断地提升，受教育程度甚至超过了我国绝大多数少数民族。

1949 年以前的京族教育，具有浓厚的原始性。由于这一群体绝大部分为穷苦的渔民，特定的人口构成、生产生活状况及地理环境等因素，决定了他们的教育尚未从社会实践中分化出来，教育只能是生产生活实践中的言传身教、口耳相传，教育形式主要是社会化和模仿化。京族教育仅停留在渔业民族的原始教育阶段，教育内容呈现明显的原始社会性，族群内部没有产生文化精英阶层。直至清末，京族三岛才开始出现私塾。京族群众自己出资筹办，招收子弟进行基本的汉字识字教育。学校教育是群众自发筹办的，条件艰苦，有时会因为经济困难而停止教学。民国时期，三岛相继创办了初级小学堂，其办学形式基本上是半私塾的，学校教育仍然落后。至1949年中华人民共和国成立时，京族总人口3308人，有大学生1人，有中学文化程度的5人，有小学文化程度的179人（占总人口的5.4%）。由于京族群众文盲率非常高，京族三岛因此被称为"瞎子岛"。

1949年以后，党和人民政府对京族教育事业十分关心，拨出专款修建校舍、添置设备，不断地改善学校的办学条件。到1962年，山心、沥尾、巫头、谭吉、江龙等京族聚居地原有的小学，都先后发展成为完全小学，京族子弟的入学人数不断增加。到1965年，"京族三岛"的全日制小学已有6所，教师21人（其中京族教师6人），京族学生358人，京族在校初中学生29人。与1949年的在校人数相比，小学教师增加了3.5倍，京族小学生增加了5.4倍。

"文革"期间，京族中小学受教育人数飙升，然而就学年限缩短、师资门槛低等做法导致教学质量不高，严重伤害了京族人的受教育热情。

"文革"后教育拨乱反正，京族地区的基础教学恢复、发展迅猛。1982年京族已基本普及了小学教育。1983年，小学在校京族学生有1214人，比1949年增加10倍多。1982年全国人口普查数据表明，京族人口平均每千人拥有大学生5人、高中生 64 人、初中生 124 人、小学生 377 人，合计 570 人，略高于整个广西壮族自治区的少数民族平均数（560 人）和全自治区的平均水平（564 人）。1999 年在自治区组织的"两基"（即基本扫除文盲、基本普及九年义务教育）达标评估验收活动中，包括京族地区在内的整个东兴市通过验收，比整个广西实现"两基"早了 8 年。2000 年，京族平均受教育年限（7.93 年）高于全国平均水平（6.00 年），成人文盲率（7.92%）低于全国平均水平（9.08%）。2003 年 8 月，根据少数民族地区教育发展的需要，沥尾小学与京族中学合并，更名为"东兴市京族学校"，京族聚居区的"普九"工作更加有了制度保障。

2000 年全国人口普查数据显示：京族 6 岁及 6 岁以上的人口中未上过学的为 1391 人，占该年龄段总人口的 6.83%；受过小学以上（含小学）教育的占 90.96%，受过初中以上（含初中）教育的占 53.79%，受过高中及中专以上教育的占 21.37%，接受过大学专科、本科教育的为 1093 人，占 5.37%；接受过研究生教育的为 21 人，占 0.103%。15 岁及以上人口有 1.61 万人，在 15 岁以上的人口中，文盲人口 0.13 万人，文盲人口比例为 7.92%，其中男性成人文盲率为 1.94%，女性成人文盲率为 13.39%。与 1990 年相比，文盲人口减少了 0.11 万人，文盲率下降了 11.31%。2010 年，6 岁以上人口 25159 人，未上过学的有 1392 人，文盲率进一步降低。

大学本科和专科文化程度人口数占总人口的比例，是衡量每个国家、民族科学文化素质的一项重要指标。1990 年每千人中少数民族平均为 9.2 人，低于全国平均水平 13.9 人的比例，而京族（16 人）已超过全国和汉族（14.3 人）、回族（15.3 人）平均水平。2000 年第五次全国人口普查时，京族人口每万人中拥有大专及以上文化程度者为 495 人，拥有中专、高中文化程度者为 1437 人，均高于全国平均水平和汉族、满族、回族、壮族的平均水平。2010 年，京族每万人中拥有大学以上文化程度人数剧增至 1118 人，比汉族高出 413 人，远远高于全国平均水平。京族高学历人数的大幅提升，微观原因是高考扩招直接带来的大专以上人员增多红利，宏观上反映了进入 21 世纪以来，党和各级政府积极贯彻落实科教兴国战略，在发展少数民族地区经济的同时，加大力度发展文化教育事业，取得了显著成就。

4　生计方式

京族聚居区平均海拔不足 20 米，滩涂宽阔，渔业资源丰富。作为逐鱼而来、靠海吃海的民族，京族最早的生计方式是渔猎。海岛特有的土质决定了农耕是行不通的，京族长久以来不事种植，拿着海产品与陆上居民进行互换，长久以来粮食不能自给。随着居住地逐渐向内地推进，一些京族人才进入了稳定的农耕生活。直到新中国成立前，京族的生计方式仍是以渔猎为主、以农耕为辅。巫头、沥尾等海岛地区主要从事渔猎，从事渔业生产的时间每年达 9 个月之久，渔民大都依靠租用鱼箔进行经营；山心、贵明等由于土质较好，京族人主要从事农耕；居住在滨海城镇的京族人，则从事小买卖生意，也有小部分京族人往来越南和中国之间，经营小规模的跨国贸易。早在新中国成立前，京族群众就把本地特产——鱼汁大量运到越南芒街出售，每年8月开始，几乎天天都有二三十人甚至上百人挑鱼汁到芒街出售。除此之外，海防、夏该、潭夏、康海（均为当时越南市镇名）以及河内等地也是广西京族鱼汁销售的重要地点。

中华人民共和国成立后，通过土地改革和渔业民主改革，彻底废除了封建剥削制度，传统的渔业生产在原有拉网合伙劳动组织的基础上，先后组织了变工组、互助组，逐步走上了合作化的道路，至1956年，京族地区基本上完成了渔业和农业的社会主义改造，并在1958年秋建立了人民公社。20世纪60～70年代，全国"以粮为纲"的农业产业政策和"农业学大寨"的政治潮流，唤起了京族同胞摆脱贫困的强烈欲望，掀起了轰动一时的围海造田热潮。围海造田使京族人均耕地面积大大提高。原本以捕鱼为生的渔民改行当农民，每天步行一两个小时到田间耕作。至此，京族人民"靠海吃海"的生计方式被边缘化。在农业方面，人力和物力的集中投入并没有带来相应的回报，反而影响了京族传统渔业的发展，削弱了渔业的发展能力，人均收入水平没有明显提高，生活仍处于贫困状态。

20世纪80年代初，随着家庭联产承包责任制的落实，京族家庭拥有了生产的自主权。这种改变使京族地区的生产力得到了相当程度的提高，京族人的生计方式也变得日益多元化，渔业、农业、手工业、海产品加工业、商业等传统的或新兴的产业都得到了一定程度的发展。商品流通环境的好转，使京族地区的渔业资源得以走出狭小的地方性市场，在更广阔的国内市场中实现其价值。但由于地处边陲，商品经济发展活力不足。

20 世纪 80 年代末以来，中越两国关系由紧趋缓，最终正常化，中越经贸合作开始兴起。京族人利用自身的语言优势和文化优势，直接开展与越南方面的边贸活动，活跃在国际贸易活动中。他们积累起小额资本后，依靠人缘优势与对市场行情的熟悉，进而进行大宗商品的贩运、买卖。90 年代，巫头村70% 的渔户、沥尾和山心两村 30% 以上的渔户均参与了边境贸易，几乎所有的京族家庭都从中直接或间接地获得了可观的收益。据不完全测算，1996 年沥尾、巫头、山心三村的年人均纯收入分别为 2660 元、6000 元和 4334 元，远高于当年全国农民人均纯收入水平。在边境贸易中，京族人民获得了直接的经济利益，提升了生活水平，改变了多年的贫困面貌。在贸易规模不断扩大的同时，民族内部的产业分工得以强化，传统的浅海捕捞生计方式再次逐渐萎缩。

1996 年以后，京族地区的边境贸易面临调整升级。虽然仍旧有不少零星的、小额的贸易，但与兴盛时期相比，可以说是不可同日而语。会越南语的中国人逐渐增多，京族人的语言优势不再，京族人的经济收入也受到一定影响。于是，在边境贸易中积累了资金的京族人便及时把目光从边境贸易转移到浅海捕捞上来，同时，京族人大力引进先进的养殖技术，把原先的低产量耕田改为海水养殖场。水产养殖、海产品加工等新兴产业迅速发展，逐渐取代传统的捕捞业和种植业，成为京族新的支柱产业。从 90 年代开始，京族三岛临北部湾一带的海滩因其坦阔、水浅、沙净被外人发现，每逢节假日有人自发来此玩耍，拉开了京岛旅游的序幕。后来每年一次的沥尾"哈节"更是吸引了大批游人前来欣赏富于民族特色的节庆活动。21世纪之后由防城港市政府主办的京族哈节，更是把沥尾金滩旅游推向全国，获得了空前成功，现今，沥尾金滩已成为广西乃至全国的知名景点，村民们从太阳伞出租、私人旅馆、餐饮娱乐、交通运输等行业中获利颇丰。

2008 年 1 月 16 日国家正式批准了《广西北部湾经济区发展规划》，北部湾经济区开放正式纳入国家战略。京族所在区域迎来了难得的发展机遇。目前，京族人的沿边开放经济发展模式正趋于由单一性向多元化转变，随着以海水养殖、海产品加工、金滩旅游以及边境贸易为代表的新兴产业的兴起，生计方式日益多元，传统的出海捕鱼业在京族人的收入中已经退居其后。同样是"靠海吃海"，今昔对比，已经发生了翻天覆地的变化。京族人实现了经济模式的大转变，在就业机会增加的同时，还将通过产业联动作用，推进旅游产品加工业、服务行业等各种相关产业的发展，进一步优化经济结构。凭借商品化、产业化的渔业，多样化、特色化的边境贸易以及新兴的民族风情旅游，京族已逐步成为全国 22 个人口较少民族中最富有的民族之一，率先进入小康社会。可以预见，未来京族人的沿边开放经济发展模式将形成以沿边开放优势为依托，多元化和多功能化边境贸易为主导，海洋产业、旅游业等多产业协同发展的民族经济发展新格局。

三　社会生活

1　社会组织

传统京族社会属于以渔业为基础的海洋文化，自然具有勇于开拓、勇于冒险的特点。同时，又由于过去的海洋捕捞生产力低下、靠天吃饭、风险性大等特点，京族重视团体、家族、亲朋之间的合作。可以说，传统京族社会是由"家庭—亲属—村社—村社联合体"组合而成的。

社会制度方面，自然体现出一种具有原始社会末期农村公社性质的"翁村制度"，这是京族社会长期遗留下来的长老制度。京族由越南涂山刚迁来"三岛"时，由于条件艰苦，迁来的人大部分是关系较好的亲友，因而，大家都是和平共处、平等相待，后来由于迁来的人逐渐增多，加上在本地繁衍的人口，人口压力增加之后，就需要一个组织来管理这一团体，于是早期的带有原始性的"翁村制度"便顺理成章地被搬过来了。

"翁"在京语中有"长者""长老"之义。"翁村"意为乡正或村主任,负责处理村内事务及纠纷,监督执行村约,主持祭祀仪式,筹办公益事业等。他是由"嘎古"(京语,即长老)集团推选出来的,他不一定有钱有势,但要为人正直公正,有点文化知识,关心村社,有办事能力,受人尊敬。他的职责是监督执行村约,调解村民纠纷,召集会议,对外交际,主持每年哈节的祭祀仪式,筹办村中各种公益事业等。翁村任期三年,可连选连任。翁村基本上是义务为众人办事,但有的也可从公有田中获得一两亩来经营,以作为微薄报酬。他处理不了的事情便请"嘎古"们出面解决。

"嘎古"由村里五位有名望的老人组成。他们也是选举产生,任期三年。"嘎古"成员及其职责如下。

翁模,可意译为"香公",即专管哈亭的香火和清洁卫生的专责人员,在哈节举办相关仪式时享有崇高的威望。翁模的产生,不是民选,而是神选。首先物色出一批人丁兴旺、子媳齐全的候选人。其次在哈亭诸神灵的面前,逐个地为他们占抛杯玟,每人三轮。三占杯玟皆得胜者,便是众神满意者,当选翁模。任期亦为三年。在未就任之前,要为群众抬棺材,并为"哈亭"做烧饭、挑水扫地等杂活。就职一年后不用抬棺材,满三年不必服役,并可提升一级。任期的待遇,在山心岛,可以占有"哈亭"的六亩旱地和一棵果树;在巫头岛只享受一亩公田,自种自收。

翁记,即文书,掌管乡饮簿籍和民间公有财产的经济收支账目。群众不得任意罢免。期满后可升一级,以渔箔(即沿

海滩涂上用竹木、渔网、铁丝等物围起来的一种捕捞设施）
一所或一两亩公田作为酬劳。

翁宽，"宽"为京语"管"的意思。"翁宽"即协助翁村
执行处罚，管理山林、看管山林的长者。海岛上的树林防风固
沙，宜当保护，为了防止乱砍滥伐，凡是成年男子都有轮流当
"翁宽"的义务。每一任翁宽有 8 人，为首者叫"宽头"，他
们负责巡山护林。若有偷伐毁林者，由翁宽按村约有关条文给
予处罚。翁宽任期三年，在任期间无任何报酬，唯有期满后在
哈节乡饮中席位可提升一级。宽头若干得出色，可成为翁村的
候选人。

翁得，即专门负责观音庙烧香的，可以享受两亩公田作为
报酬。

"嘎古"集团商议决定重大事务，交"翁村"执行。"翁
村"处理不了的事情即转交"嘎古"集团处理。"嘎古"集团
拥有一定的经济权力，如巫头岛，有公田 14 亩、渔箔几所和
岛上山林。这些都由"嘎古"掌握、出租、典当或出卖。无
论是"翁村"还是"嘎古"集团中的长老，有谁办事不公、
不负责任或有贪污违约等行为，群众可随时把他撤换。这种
"翁村制度"，负责管理村社有关民间的各种事务，具有浓厚
的原始民主色彩，并非乡村政权。国民党统治时期，利用
"翁村制度"作为统治京族人民的工具。当局在京族地区推行
"乡村甲"制度，"翁村组织"从群众的自治组织演变为行政
机构，许多"翁村"被委以乡、村、甲长之职，除执行固有
职责外，还要执行国民党政府的政令。新中国成立后，京族人

民实现了当家做主，其传统社会组织也发生了深刻变化。

首先，"翁村"领导下的民间事务委员会的建立，改变了京族传统社会组织的结构和运行机制。中华人民共和国成立后，京族各村普遍建立了民间事务委员会，该委员会由正（副）"翁村""翁巫""翁祝"，本族民间会计、出纳，本族各生产队队长（村民小组组长）等组成。民间事务委员会由"翁村"领导，其职责是负责办理哈亭修建、筹办哈节及其他与哈亭有关的节庆事务。"嘎古"虽被保留，但已没有原来的族内重大事务决定权。族内与哈亭有关的重大事项，由民间事务委员会决定。因此，民间事务委员会实际上已取代了"嘎古"的职权。同时，"翁村""嘎古"的组成也发生了变化："翁村"设正、副职，副"翁村"一至二人不等，不再设置"翁宽"和"翁记"，但有会计一人管理族内民间账簿。原来享有重大事务决定权的"嘎古"由正、副村支书，本族村主任，本族有名望、有贡献者，本族各生产队队长（村民小组组长），"翁巫"、"翁祝"和本族年龄80岁以上长者组成，"嘎古"的组成更广泛灵活，有更广泛的群众基础，已取消了上、下等"老大"之分，所有"老大"权利一律平等，没有等级差别。

其次，"翁村"的职能发生了很大变化。在旧中国，"翁村"职能广泛，是维系京族正常的社会秩序的核心。新中国成立后，"翁村"原来所具有的大部分职能，如组织生产、筹办公益事业、维护社会治安等，归生产大队（村民委员会）和政府有关机关行使，"翁村"的职能仅限于管理族内各大小节庆，处理与哈亭有关的事务，亦即上述民间事务委员会的职能，"翁村"成为名副其实的"民间村长"。

最后，"翁村"的产生办法有所改变。虽然"翁村"仍由"嘎古"推举产生，但"嘎古"的构成已发生了较大变化，如本族有名望、有一定影响力的人员和本族各生产队队长（村民小组组长）的加入，扩大了"嘎古"的社会基础，特别是各生产队（村民小组）还推荐不少有文化、有见地的年轻代表参加"翁村"的选举，使选举具有更广泛的群众基础，更能反映民意，打破了原先"上等老大"对"翁村"推举的垄断。新的社会制度消灭了等级差别，原来"翁村"所要求的严格的身份限制已不复存在。

总而言之，新中国成立后，京族传统的社会组织从结构、运行机制到社会职能都发生了深刻变化，演变为具有更广泛社会基础、仅涉及与哈亭有关的本民族事务的纯民间的社会组织，其社会功能较前已大为淡化。1990 年以后，各地的"翁村"组织改称为"哈亭事务委员会"，主要负责组织和协调村里的民间宗教事务，不再参与村中日常事务的管理。

京族聚居区还有一些社会组织。比如，在京族各村，男子到了一定年龄（山心为 19 岁，巫头、沥尾为 18 岁，红坎为 16 岁）就要入"乡饮簿"。乡饮簿就是成年男子参加哈节乡饮的花名册。入簿仪式就相当于习俗上的"成丁礼"了。该仪式在每年农历十月初十举行。

乡饮簿上有每一个京族男子成年时的登记顺序。根据上线顺序，可以享受到他在众村中所应享受的权利和应承担的义务。按顺序轮流担任翁宽（管辖山林的人）、哈头（筹办哈节祭品的人）、大力（义务殡葬的人）；按顺序进哈亭乡饮和听哈（听歌）。因为每一户只能派出一个男性代表参加乡饮，所以这个男子也代表了一个家庭。所以说，这乡饮簿上的顺序，是京族民俗传统中，一个极为重要的"社会"序列。

乡饮上的席位，标志着每个京族成年男子在众村中的社会地位。1949 年以前，乡饮席位用木棉或砖搭砌为三级。最高一级称"床官"席，靠近哈亭中间，是村中"嘎古""翁村"的坐席。其次为"中亭"席，是 50 岁以上的老人和"官员"（即历任和在任的"翁记""翁宽"等）的座席。最低一级为"行铺"，位靠哈亭边角，是 50 岁以下的"白丁"的座席。白丁要担负村中殡葬，修路，修缮庙宇、哈亭、学校等义务劳动。

在乡饮席中，同级官员按晋级先后定座次，同级又同时晋级者按年龄大小排座次。20 世纪 80 年代，哈亭席位台阶已拆平，乡饮席位虽仍有"床官""中亭""行铺"之称，但只按年龄大小排席位，保存尊老风尚，让年长者坐好席位。

新中国成立前京族渔业生产中还有网主、网头和网丁的合作关系。专门出租渔网的叫作"网主"，向"网主"承租渔网的人，俗称"网丁"。承租者多为贫苦渔家。他们联合五六家或二三十家，合伙向网主租网，共同使用。在这些联合体中他们推选出劳动出色而又有丰富渔猎经验的能人，作为自己团伙的"领袖",俗称"网头"。"网头"与"网丁"地位平等。作为网头,他只代表网丁的共同利益,去同网主交涉和办理一切租赁合同或立契手续。这种合伙联合租网的方式,习俗上都没有固定的租金,而是根据租网期内的实际收获,由网主和网丁伙团对半分。新中国成立后剥削制度已经没有了,但是大型渔业劳动仍需要集体协作,因此网丁与网头之间组成的劳动组织仍保留了下来。"网头"由劳动力强、生产经验丰富、劳动技术全面的老渔民担任,其余的人则为"网丁"。网头是由网丁民主挑选出来的,他负责承租各种渔具、添置渔网,组织和安排网丁进行渔业生产,指定网丁保管渔网,并负责渔业生产中所举行的宗教仪式等。依照传统习惯,每年农历十二月二十四日至二十八日,这个劳动组织举行隆重的"做年祈福"仪式,由网头主持祭神,祈求海神保佑来年生产的安全和丰收,到了春节,还要宰猪饮酒,欢聚一堂,称为"还愿"。网头与网丁一起劳动,并在其中起领导作用,发现鱼群或遇到台风等紧急情况,网头就吹起螺号,通知追捕鱼群或躲避台风。在产品分配上,网头和网丁一样不享受任何特殊的权利或多拿报酬。在日常生活中,若网丁发生意外事故或生活困难,大家都互相帮助,彼此关照,网丁可以自由领取股金,退出组织,不受任何约束和限制。

2 社会秩序

在同一个社会内部,社会秩序可以分为经济秩序、政治秩序、劳动秩序、社会日常生活秩序等几个大的方面，而传统的京族社会较为封闭，日常交往大多在村社范围内，社会秩序是通过自发形成的伦常习惯被全体成员自愿地维护的。

京族人比较重视个人的品德与礼貌行为。日常的问候被认为是起码的礼貌，而对老人、长者的尊重则是一个有良好教养的人应当遵循的基本规矩。在孩子成长的过程中，家长很注重这方面的教育。同时，京族举办的一些社会活动对儿童的品行教育也有潜移默化的作用。小孩子刚学会认人时，很多父母就要教他要懂得向老人打招呼，要尊敬老人。少儿平时要主动为各家老人端茶倒水，过哈节、过新年要给各家贺新年，说吉利话，如"老人家福寿绵长，守子守孙"等，以示对老人的敬重。

如有客人到访，长辈请客人坐定后，家中青年男女自觉端茶敬烟，拿出待客食品，然后站立陪客，待家主一一介绍后，便去协助主妇煮饭办菜招待客人。长辈、客人入席后，青少年盛饭、斟酒敬客，不干扰长辈和客人的叙谈。用餐开始，先由长者劝酒菜劝饭，同辈亦互相谦让，如有鸡鸭肉等菜时，以胸脯肉和肝脏孝敬老人，把鸡腿、鸭腿留给小孩。用餐期间要随时为客人添菜、加饭。用餐完后小辈要向长辈说"慢用"，不可不辞而别。20世纪50年代以前，家中如有贵客，妇女是不能入席与客人同桌吃饭的，必须站在饭桌旁伺候客人与丈夫，待客人离席后方可吃饭。如今社会强调男女平等，这一"礼"才消失了。京族群众很好客，常用他们喜欢的糖粥、红薯和海鲜等食物待客，客人即使不合口味，也要尽量多吃，否则被认为看不起主人。客人走时，主人还要把自己家的土特产、海产品和加工的食品等送给来客，如果拒绝，会产生误会，一般客人总要多少收下一些，并相应还礼。当然，这是传统村社社会的礼俗，随着京族与外界的联系密切，很多待客习俗也发生了相应变化。

哈节乡饮时，哈亭里的座位按辈分由里到外排列，越靠近神台的座位越尊贵，而这些座位只有年纪大、辈分高的人才能享用，年纪越小、辈分越低的就越得靠外坐。村人之间见了面要打招呼问好，或点头致意。见面说话要先称呼对方，尤其对长辈更应如此，否则会被认为没有礼貌。

京族人还奉行"有难相帮"，长期以来，京族人的通婚范围较小，以族内婚为主，大多数人都有亲戚关系，因此人们经济上的互助也较多，加之渔业生产的特殊性（要求集体合作），因此京族人有相互帮助的风气。每逢京族人家中有红白喜事，亲属都要随礼或互相帮工。邻里有丧或困难，人们往往携钱或米到困难家庭帮忙，但不在那里吃饭，也不索取任何报酬。20世纪90年代以来，随着边境贸易及海水养殖业的发展，以亲属为纽带形成的生产经营组织在京族人的经济生活中扮演着较为重要的角色，合作有逐渐加强的趋势。

一个民族的亲属称谓有着明显的民族特色、时代特点，体现了一个民族最外在、最直观的人本特性和社会秩序。京族因继承父系血亲制，其亲属关系分为族内亲属和族外亲属。按世系枝叶排列，族内凡是同行同辈的男性皆称兄弟，堂叔伯堂侄亦相同。凡高过己一代者，按叔伯侄称呼，同辈者按长幼次序，按数称呼：大哥、二哥等。族外亲是婚姻关系，是因婚姻相连而形成的亲属。除此之外，还有因收养而形成的拟血亲关系。

亲属称谓以父系称呼为中心，长幼有序，老少分明。在直系中，从己身到六世祖为上行六代，从己身到六世孙为下行六代，在对这些亲属进行说明时，也只使用几个基本称谓——父、母、兄、弟、姊、妹、子、女。突出辈分，老少分明。对长辈，父亲称"阿爸"，母亲称"阿妈"，祖父称"阿公"，祖母称"阿婆"，等等。

京族的亲属称谓系统总的来说与汉族基本一致，不一样的地方是：京族人有些把自己的父亲称为"阿叔"或"阿哥"，把母亲称为"阿婶"或"阿姐"的。这主要是出于迷信的观念：（1）父母的生辰八字中有克子女的信息，为使子女能平安成长，要避开"父母"这个称呼。（2）小孩的生辰八字中有克父母的信息，为使父母得到平安，也要避开"父母"这个称呼。所以不以父子或母子相称，让所谓的"牛鬼蛇神"相信此子无父母或是家中无子，以此来逃避命中的劫难。这一风俗和我国农村一些地方的风俗相同。还有一点不同体现在：京语的侄（甥）子/女和孙子/女的称呼用的同一个词，与我国壮侗语民族及东南亚的很多民族侄辈孙辈不分的情况相同。总体而言，京族人的亲属称谓与汉族差别不大，在体系上体现了讲秩序和讲人伦、以沿袭父系家族为中心的特点。

京族人还把这套亲属称谓用到了整个社会无血亲、姻亲关系的人当中。也就是说，把周围的人都纳入了亲属体系，人称代词亲属称谓化。除了第一人称较常用中性的"我"（发音为"堆"）外，第二人称"你"和第三人称"他/她"，通常根据对方的辈分或身份来称呼，以表示亲热或尊重。如对父辈的人，第二人称直接用"大伯""大娘""叔叔""阿姨"等；第三人称则用"那位大伯""那位大娘"等。在知道对方名字的情况下，最好在其名之后再加上兄、弟、姐、妹、叔、伯之类的称呼。如一位名叫阮文德的男子，可根据他的年龄和亲疏程度，称为"德伯""德叔""德哥""德弟"等。在需要进行自称时，通常不用"我"字，而宜使用弟、妹、侄之类的自谦词。

亲属称谓是以家庭的姻亲关系和继嗣法则为基础，经过语言的加工而对人类社会复杂结构的直接反映。亲属称谓是社会交际的起点，反映的是一种有序的人际关系、社会关系，这种有序的人际关系、社会关系的总和就是社会结构的原型。换言之，有什么样的社会结构，必然会在称谓系统中得到相应的反映。京族的亲属称谓基本和汉族一样，其特征是高度的描述性，这种称谓制与男性继嗣相关联。同时，京族的亲属称谓社会化、称谦呼尊的原则固化了传统村社交际模式的价值秩序。京族人传统的称谓体系有称谦呼尊的特点，降低自己的地位，用敬重的称呼来称呼交际对象，表达自己的尊敬。有的还以自己孩子的口气称呼交际对象以"增加"对方辈分，潜意识里把交际对象归入值得尊敬的"长者"。这样的交际模式实际上强化了尊老、敬老的社会秩序。

3　衣食住行

衣

京族传统服饰与其生活环境及渔猎经济的特征密切相关。因为气候湿热，京族人又多从事渔业，不需要太多太厚的衣服。和其他民族繁复的衣饰不一样，京族服饰趋于简朴实用，男女服装皆不加花饰。京族喜穿宽大长裤，方便活动，妇女穿窄袖紧身对襟无领的短上衣，裤子长而宽大；男子上衣长及膝盖，窄袖袒胸，腰间束带。无论男女，劳作时都喜将裤脚挽至腿根。

喜穿"胸掩"也是京族服饰的一大习俗。胸掩，即妇女衣服袒胸处绣着（或系着）的小布，又称"遮胸"，是妇女常用的装饰品之一。据民间传说，"胸掩"早在京族人迁居三岛之前就有了，为东汉伏波将军所赠。当年伏波将军来到交趾，见妇女同男人一样袒胸露乳甚为不雅，便设计了一块"胸掩"相赠。从那时起，妇女用起了"胸掩"，流传至今。"胸掩"的用色与年龄相关：年轻人用红色，中年人用浅红色或米黄色，老年人则用白色或蓝色。

以前的京族人多为贫苦渔民，不少人一年到头只有一身衣服，往往"夜间洗衣白日穿"。

由于习惯于水上生活的缘故，京族人过去平时都不穿鞋袜，哪怕在寒冬腊月也总是打赤脚，只在晚上洗凉水脚或雨天不出工时才穿一下木屐。连老年人也光着脚板踏一双用棕树皮

编制而成的俗称"棕屐"的拖鞋而已。旧地方志记载京族人
"爱跣足"。

妇女喜戴耳环，多跣足，少数老年妇女有染黑齿和结
"砧板髻"的风俗，所谓"砧板髻"，即妇女头发是正中平分，
两边留着"落水"（长且垂下来的碎发），结辫于后，用黑布
或黑丝条缠着，再盘绕在头顶一圈的装束。

砧板髻

京族妇女平日爱戴斗笠。这种斗笠尖顶、锥形，以葵树叶
制作，质地轻盈，内斗很深，几乎能盖住整个脸部。海边太阳
暴烈，斗笠能起到防护面部的作用。

如果是外出访友或赶圩入市，服饰稍有不同。妇女加穿
一件旗袍似的下摆较宽的矮领窄袖袒胸长衫外，另外还要戴
一黑色或棕色的圆顶礼帽，俗称"头箍"。这种穿戴上的习

俗，无论贫富，都是相同的，只是在用料的优劣上有所差异而已。多数家境平常的人家用自制的粗织麻布料，富有人家选用绫罗绸缎、蚕丝织品或香云纱，黑、白、红、褐等色贵重料子。

传统的婚礼服饰则体现在颜色搭配的讲究上。新郎穿的是草绿或浅绿色的长袍衫和深蓝或浅蓝色的长裆阔脚裤；新娘穿的也是长袍衫和长裆阔脚裤，只是上衣为大红或浅红颜色，裤子为黑色或褐色。

根据社会调查，大约在20世纪20～30年代，京族人已经开始改变传统穿戴了。到新中国成立前夕，京族男女大多着唐装，只有少部分老年妇女保留着穿本民族服饰的习惯。20世纪50年代以后，不论男女，穿汉族服装的逐渐增多。20世纪80年代以来，除老人外，其余大都已不穿本民族的传统服装，并一改过去"爱跣足"的习惯，穿鞋踏袜。许多中青年妇女还烫了发，改变了原来的头饰，但仍有不少人喜欢戴斗笠。还有绣以图案或花草的菱形"胸掩"，一般妇女仍然喜欢使用，但真正如同过去那样用来遮胸的已不多见了。

随着时代的变迁，京族的服饰也发生了变化，其变化显示了京族人生产、生活水平的改善和文明程度的提高。当然，传统服饰作为表现京族民族特色的一部分，不会也不可能完全消失，它仍然是京族人民维系民族感情的纽带。在唱哈节等场合京族人依旧是着传统民族服饰。

食

独特的生存环境决定了京族的饮食特点：以海产品为主，

烹煮时注重保持食材的原汁原味；口味清淡，几乎不使用盐、醋、酱油、辣椒等调味，只使用"鱼露"（用鱼虾腌制、发酵、过滤而成的汁液，又称"鲶汁""鱼酱油"）来增添食物风味；主食以杂粮为主，稻米产量少，珍贵的稻米多被精加工成各种点心。如此饮食特点造就了京族内蕴丰富的饮食习俗。

京族人大部分地区习惯日食三餐，居住在沥尾的京族则一般习惯日食两餐，早餐多选在上午 11 点左右，直到入夜后才吃晚餐。1949 年后京族才和南方许多民族一样以大米为主食。

过去，京族杂粮主要有玉米、红薯、芋头、狗尾粟、鸭脚粟等。由于生活贫困，一般人都把玉米磨成粉状，红薯、芋头等切成碎块，再掺进少量大米熬一大锅稀粥作为主食，只有渔汛期、农忙时才吃干饭。人们一年里头大半时间吃粥。海鲜粥是当地人经常吃的早餐，其用料丰富，有车螺、沙虫、鲜虾、猪肠、猪肝、鸽肉等。远近闻名的"天下第一粥"就是在日常食用的海鲜粥的基础上精选用料、细致烹饪而成的。由于京族聚居地未受工业污染，海鲜味美，而且还幸存古老的海岸腔肠类生物——沙虫和泥丁，这造就了"天下第一粥"独特的、不可或缺的主料。沙虫是一种沿海滩涂穴居爬行动物，形状很像一根肠子，被称为"海滩香肠""海洋虫草"，虽没有海参、鱼翅、鲍鱼的名贵，但味道鲜美，为海参、鱼翅所不及。沙虫肉质脆嫩，味道鲜美，营养丰富，富含蛋白质、氨基酸、脂肪和钙、磷、铁等多种营养成分，是老少皆宜的营养滋补及食疗佳品。泥丁则是一种生活在有淡水注入的海边浅滩咸草地里的小型星虫，体长约 10 厘米，呈圆筒状，好似钉子，前端较细，表皮灰黑，故当地人称为"泥丁"（又称"土钉""土笋""泥虫"）。除泥丁和沙虫外，再加上时令的车螺、螃蟹、腊鱼、章鱼、红螺、鱼、猪肠、猪肝等，配以姜、酒等佐料一起炒至将熟，再放粥和适量的水煮熟。在起锅前放少量的蚝油和鱼露，出锅后放葱花即可食用。

京族传统肉食多为海鲜，以鱼、虾、蟹、螺为主，特色菜肴多以海产品为原料，菜式包括清蒸海鱼、酸甜鱿鱼卷、贝肉烩粉丝、白螺焖酸笋等，还有随时令的煎红虾、红焖螺、炒墨鱼花卷等。传统宴席菜肴有一道菜是必备的，即沙虫巴。沙虫巴做法简单，即将沙虫洗净后放入沸油炸至金黄即可。其香酥味美，被认为京族宴席上的上等菜。"焖鳝肚"也是一道特色上等菜，是以鳝鱼肚干制品为原料焖成的酸甜凉盘。在京族人的传统观念中，鳝鱼代表善良、正直，且鳝肚数量少、价格高，因此该菜只是在款待贵客或重大节庆时才吃。猪肉、牛肉、鸡肉、鸭肉等在过去是极为罕见的，近几十年以来随着这些肉类供应充足，京族人才普遍食用。

京族人做菜讲究时蔬要多，肉要少，用油要少。他们常用鱼虾发酵做成"鱼露"，以此作为每餐不离的调味品。在"三岛"之中，山心村鱼露产量最多，素有"鲶汁之乡"的美誉。2008 年，京族鱼露制作工艺入选广西壮族自治区第二批非物质文化遗产名录。很多人初次品尝鱼露时，认为其腥咸味重，难以下咽，然而一旦适应下来又每餐都离不开，这算是京族饮食习俗的一大"怪"了。

由于稻米珍贵，京族人多倾向于把它制作成各种点心或小吃。比如"餸"（原字左边为"米"，右边为"乙"，左形右声，是一个方言字。为方便起见，本文写成"餸"）和卷筒粉。从字形上看，就知道"餸"极具地方特色。京族人常把以糯米、籼米为主料做成的米饼或糍粑类食品叫作"餸"，其中最有代表性的是"风吹餸"（又名风吹饼）。其做法如下：将糯米浸泡后磨成粉浆，用蒸笼将其摊匀在布箍（用环竹片将棉布箍紧制成的模具）或大的薄铝托里蒸熟，再均匀地撒上芝麻，然后放置在户外的竹篾架上晒干，最后覆于疏篾屏上以炭火烘干而成。烤熟后的粉膜，形似晒枯的荷叶，其重量更轻更薄，几近透明，脆不禁风，故名"风吹餸"。其味香脆爽口，风味独特，既像薄饼，又像锅巴，易于保存；既可做小吃，又可做出海捕鱼时的干粮。故"风吹餸"深受京族群众喜爱，为"东兴三宝"之一。

如果把蒸熟的粉膜切成细丝后烘干或晒干，即成"餸丝"，当地粤方言称"呃粉"。因"餸丝"呈长条状，京族人认为它有长长久久的蕴意，以前多用它作为聘礼或婚宴食品。其烹制方法，与煮干米粉基本相似，先将"餸丝"用冷水浸泡至稍微膨胀，再放入油锅炒，然后搭配海鲜和瘦肉烹煮，加葱花、调料，水煮或油炒都可。烹煮后的"餸丝"，无论煮还是炒，外形都像伊面，但不是那种口味，也不是普通米粉的味道，总之口感爽滑鲜香，风味独特浓郁。尤其是与虾米、海螺混合炒熟，味道可口，又叫"京族炒米粉"，是游客必食的京族风味小吃。拌上螺贝肉、蟹肉、沙虫干或虾仁等煮成的"馇丝海味汤",则甜香鲜美,既嫩滑又可口,香味浓郁而不腻,是京族喜爱的佳肴、待客之上品。

同样是磨好的米浆,放到布袋中把水分滤掉,也可以做成别的"馇"。揪下一块米粉,在里边填馅料后团好,在白芝麻上滚一圈,再放到烧热的油锅里炸,炸熟出锅即成,色香味俱全。米团也可以不油炸而放屉上蒸。蒸熟出笼之后,再裹上炒熟的糯米粉,使食品白如雪球。这些裹白芝麻或糯米粉的食品,因外形乍一看犹如老人的满头白发,京族人就把它们都叫作"白头馇"。为了调和色泽、增加清香,也为了预防上火,京族人常常在浸米或碾粉时,掺入一些清香植物和有利于降温去火的中草药,如香菜、"企麻"等。这样做出的"白头馇"别有一番风味。

京族的卷筒粉和广西其他地方的卷筒粉相似,不同的是更薄,馅料也不尽相同。卷筒粉一般是用铝盘来蒸熟的,较厚较绵,而京族卷筒粉则是在绷紧的布面上蒸就的。舀一小勺米浆迅速摊开,盖上盖子,几秒钟后掀盖,放一些由炒熟的肉末、木耳、洋葱、椰菜拌成的馅,用薄而宽、长如尺的竹片轻轻地剔起蒸熟的粉皮并卷成筒状,浇上爆葱头的油,挤上鱼露等调味汁即成。卷粉的制作一气呵成,味鲜美而不腻。

在节庆期间,京族人的饮食稍有不同。

春节快到时,家家都必做"馇"食和大粽粑。大粽粑,又称年粽,严格说来不只是京族特有的,越南的越族,广西的壮族、瑶族等都有春节前包大粽粑的习俗。

卷筒粉

　　1958 年后，京族人包的年粽多数重达 500 克。包粽子之前，先做好几项准备工作：（1）将半肥瘦的猪肉切长条，用老抽、蚝油、食油、五香粉、糖、酒、姜等调料腌制以入味。再把当地的红蓝叶打碎放在馅里面，当粽子煮熟之后，中间有红蓝叶的部分会变成红色，有提色增香、促进食欲的作用。（2）将淘干净的糯米和去皮绿豆（有时用炒花生）分别泡上。

（3）将包粽子的冬叶和芒叶洗净并放进开水煮10分钟，挂起滴水晾干。（4）削好细竹篾以做包裹粽子之用。

准备工作就绪之后就可以包粽子了。先把两种叶子交叠铺平，大的冬叶包在外面，大概4片，小的芒叶包在里面，大概13片。把泡好的糯米放上，摊开成长圆状，铺一层绿豆，然后放腌好的肉条和红蓝叶，再盖上绿豆，最后盖上糯米，将所有材料用细竹篾包起来。粽子呈长方形状，捆扎好的粽子放到大锅里煮。大火一直煮上若干小时，直到米、豆和肉都煮熟了为止。做好的年粽可存放二十天左右。吃前把它切成块或薄片蒸热，或用平底锅煎成金黄色，蘸以鱼露和胡椒粉，味道鲜美，不油腻。

京族除夕夜的团圆饭十分丰盛，和汉族一样，鱼肉取"年年有余"的寓意。大年初一不能杀生，早餐不吃荤、不喝酒，只吃年粽和"饐"食。拜年时，人们喜欢带上橘、梨等水果，取"大吉大利"的蕴意；如送蔬菜，则送少许的生蒜或芹菜，生蒜象征新鲜（当地粤方言的"蒜"和"鲜"音近），芹菜借以表达工作勤奋的祝福。"散年"（沥尾苏氏家族以大年初三为"散年"，其他京族聚居区以大年初四为"散年"）的时候，要杀一只阉鸡上供祖先，之后准备一个以这个供品鸡肉为主菜的"大桌餐"，请亲戚、友邻一起吃饭，联络关系，巩固感情。

端午节，京族和大多数民族一样吃糯米粽子和雄黄酒。

七月十五为"鬼节"，当天，早上煮糯米饭和糯米糖粥供拜祖先，中午宰鸡、杀鸭、煮猪肉等供拜祖先，然后进餐饮酒。人们在哈亭前的空坪立起"招魂榜"，两旁铺两行芭蕉叶，放上炒玉米、饭团、饼子等食物，由"法师"念经让饿鬼受食供品。然后法师一声令下，扮饿鬼者便与围观的儿童一哄而上，将食品一抢而光。民间认为食供品能"得福"。

中秋节除做糯米饭、糯米糖粥和风吹饐外，还要准备猪肉和月饼，京族也有全家吃团圆饭的习俗。

京族男女青年订婚，男方要用一定数量的猪肉、糕饼等作为礼品送给女方，贫穷之家也要送少量的糖、糯米、茶叶、糕饼作为订婚礼。结婚时，男方要备100斤猪肉、200提酒（每提等于200克）、7斗米及其他礼品，送给女方。婚后3天，新娘"回潮"，夫妻俩带自家染红的糯米饭两托盘（约6斤）、猪肉2块、鸡2只回娘家谢拜岳父母。

祭祀食俗也颇具特色。春节期间全村都要到"哈亭"以猪、鸡、鱼为供品祭拜诸神，回家后要拜祖先。守岁时，必须在祖先牌位前，摆上白薯饐方能入睡。正月十五为小年，届时也要备猪、鸡、鱼拜祖。民族节日"哈节"期间，凡到了一定年龄的男子都要置备鸡、酒、糯米饭、槟榔等祭品到哈亭祭祀，经过祭拜的男子才算"入众"（即进入成年），才被允许参加哈节的入席活动，从此便可参加捕鱼生产。

过去每逢新网下海或海产品歉收，都要置办各种祭品，到海边进行祭拜，祈祷保佑下海的人平安归来，渔业丰收。

在食物的信仰上，京族人认为吃神灵的贡品能沾红运和福气，因此祭祀之后会将祭品分发，让每个人都得到神灵的福气与保佑。扫墓时，京族人往往将祭奉过的供品分给子孙们吃，他们认为吃祭过祖先的供品会平安、健康，得到祖先的庇佑。中元节给鬼魂"施幽"的食品，人们往往在作法后将其一扫而光，民间认为小孩抢到"施幽"食品为"得福"。

京族有嚼食槟榔的爱好。嚼槟榔的方法是，把有大拇指般大小的槟榔果剖成对称的两半，用槟榔叶包住槟榔果的一半，而另一半抹点石灰或碱灰、贝壳粉，加上黄麻根皮，混合起来咬嚼。嚼槟榔通常是先苦后甜，可刺激神经，提神醒脑，除积消肿。槟榔汁不吞咽，顺嘴角流出，嚼到无汁时把渣吐掉。嚼槟榔能除口臭，还能溢出一股香味，染红嘴唇，女性以此为美。因此，妇女最爱嚼槟榔。对京族人来说，槟榔还是求婚、请客、送礼的信物。嚼槟榔、染牙是京族的古风，过去无论男女，到了十七八岁就开始染牙，象征其已成年，可以成亲了。现在，随着时代的发展，京族待客以茶水代替，嚼槟榔的古风日渐衰微，但老年妇女仍有此俗。吸烟男子则喜用竹制水烟筒和京族特有的"烟煲"。"烟煲"，其外形像一个盅，里面盛着水，盖子上有若干个孔，一孔放烟丝，其余的孔是到吸时才插入小竹管。吸烟时将水注入烟煲，点燃烟丝，将空心竹竿插入小孔，即可吸食。根据小孔的数目，一次可供一至四人同时围坐吸食。随着生活方式的改变，"烟煲"现在已不常见了。

京族人还有饮茶的习惯。过去人们一般喝水榕花茶。水榕花是水榕树上结成的花，待其还是花苞时将其摘下，晒干后即可用来泡茶。这种茶属于凉茶，清热解毒，能治感冒，深受京族人的喜爱。传统茶叶还有青茶、槟榔茶等。现在人们多喜饮绿茶。

京族人普遍喜欢甜食，有以甜食寄寓"幸福""美好"的习俗。京族每年农历正月初一的早晨，家家户户都要吃糯米糖粥，八月十五中秋节"团圆饭"首先吃的也是糯米糖粥，哈节祭神也要有糯米糖粥，就连民间歌谣中也以"甜"来寄寓"美好"。京族人除用糯米糖粥来招待客人外，有时也用绿豆糖水、糖粉丝或红薯糖汤等，甜食的甜润，表达了"友谊常在，如胶似漆"的美好愿望和好客心态。

住

传统习惯制约着人们的居室建筑及日常生活，京族的居住民俗，主要表现在村落的选址，村落的布局，房间的分配，厨房及禽畜厩的位置，杂物的堆放，室内装饰及独特的供奉、祭祀、信仰、禁忌等。

京族先民初到现今的居住地时，到处都是荒蛮的景象，只好就地披荆斩棘，找一块落脚的地方，随遇而安，并未能顾及风水朝向问题，只需避开潮汐的侵蚀便可。为了安全及防卫，习惯聚众而居。随着定居生活的推进，人们在建房时，不但注重房基的选择，在奠基和其后的一些工序中，也按择定的吉日进行。

京族各姓氏家族的先祖们，迁来岛上定居的时间是各不相同的，所以同姓氏内部高度聚居，不同姓氏的居住地又保持一定距离，因此京族村落既零星分散又相对紧密。京族民居不像其他民族那样邻里之间高度集中、互相关联，而是大都单门独户。这和京族以小家庭为主的传统有关。子女一旦成家，便要和父母分家，因此形成了单门独户的景象。时间久了，户与户之间、各姓氏内部、不同姓氏之间民居走向各不相同的格局便逐渐形成。现今京族村落呈现出道路曲折多变、走向不定、无规律可循的面貌，人们甚至无法判定，京族村落的村头村尾或村前村后的方位究竟在何方。这颇有好处——外来者不敢贸然进入，有利于安全防范。

海岛经常受热带风暴的袭击，因此京族村落周围有高大茂盛的木麻黄树林，可以阻挡、减弱热带风暴。村落中的房屋四周留有开阔的空地，周围种植剑麻、仙人掌之类植物，既可固定海岛的沙质水土，又可作为篱笆，点缀美化村落。

京族的住房经历了草房、木房、土房、石条瓦房、钢筋水泥楼房的"代际更替"。

据旧地方志记载，京族在 20 世纪 40 年代以前，其居住房舍普遍是原始而古老的"干栏"式竹木结构。房屋的四角竖起四根木柱，一边高一边低，形成坡度，也有用六根木柱竖成"金"字形，每根木柱下方垫以石头防腐。墙壁用木条或竹片编织，有的还糊上泥巴。屋顶盖以茅草（极少数盖瓦片），几年换一次。京族人把这种传统的草庐茅舍称为"栅栏屋"，包括草房、木房、土房等。"栅栏屋"的墙壁用粗糙的木条和竹片编织，有的再糊上一层泥巴，或用竹篾夹茅草、稻草等做墙壁，顶覆茅草或瓦。为了防风，屋顶还压以砖块或石块。屋垛四角以六寸至一尺高的木墩（多是苦楝木）或大楠竹、石头等做柱墩；柱墩上横直交叉地架以木条和粗竹片，上面又铺以粗制的竹席或草垫做"地板"，平时脱鞋入屋，地板上坐卧饮食，地板下面就是鸡、鸭、鹅等家禽栖息的地方了。屋内以竹片或木皮间隔成三个小间。老人住正间，晚辈住左侧间和右侧间。"栅栏屋"有百越干栏式建筑的遗风。北齐时的《魏书·僚传》有载："依树积木，以居其上，名曰'干栏'"。目的是以避瘴气和毒蛇猛兽的侵害。

随着社会的发展，特别是新中国成立后，随着京族经济状况的改善和相邻民族间的交流和文化习俗的影响，住房发生了根本的变化。其明显标志就是20世纪50年代"石条瓦房"的普遍出现。这种房子用长方形灰白色石条做墙，每块石条约75厘米长、25厘米宽、20厘米高。从地面到檐首砌石条要23块，从檐首向上到封山顶砌石条要10块。房高约7米，屋顶盖瓦，屋顶脊和瓦行之间压着一块连一块的小石条，可抵台风。屋内以条石或竹片木棉之类分隔为左、中、右3个单间。单间的面前都留出较宽敞的过道，自左向右贯通全屋。家中桌椅以及农具、工具等，都置放在过道的墙脚边。左、右两间是卧室和厨房，正中一间即"正厅"，俗称"堂屋"。正壁上安置神龛，称"祖公棚"。正厅除节日用以祭神外，平时又是接待客人以及吃饭、饮茶、聊天的地方，可兼作客厅。如果家庭人口较多（如子女均未结婚成家等），则左、右两间都用作卧室，厨房就另外附建在左边或右边的山墙脚边。为了照顾老人，子女就住在接近厨房边的那个隔间，距厨房远的那个隔间就让老人住。畜圈在居室旁另建。"石条瓦房"坚固耐用、抗风耐湿，非常适合沿海地区的气候和生活。这种别具一格的用炸药开采的海底礁石做砖墙、烧蚝蛳灰做抹浆、独立成座、屋顶以砖石相压的居家建筑，非常具有地域性民俗特色。

改革开放以来，尤其是 20 世纪八九十年代边贸兴起之后，京族的居住条件有了质的飞跃，每家每户争相盖起了钢筋水泥的多层小洋楼，如今的石条瓦房则不多见。沥尾就只留一间作为文物保留。京族人把两层以上的楼房称为第五代住房。这些住房为一家一户独立庭院式的小楼房，外贴瓷砖，带有阳台和装饰性栏杆，摆放着鲜花盆景。从外观看，这些小洋楼和广西城镇的楼房没有什么区别。事实上，京族的小洋楼与以前的住房之间仍有一脉相传的地方。底层房屋的功能布局仍继承旧式民居的传统——厅堂加两厢。厅堂较宽敞，里墙一律设京族式的神龛，这里仍旧是客厅兼办红白喜事和举行家祭的地方；两厢相对较窄，一般用作厨房、粮仓或老人的卧房，但也是固有的格局。小洋楼外有前庭后院，冬青、剑麻、牡丹、仙人掌及菠萝、木瓜等围成篱笆，庭院内种有许多亚热带瓜果，瓜棚果树下面摆放着石凳石桌，树干上挂着渔网和网床，庭院的角落还有用平衡木汲水的人工老井，老井靠墙的一边则堆放着各种渔具，楼房外还挂着一串串海产品干货。民族气息犹存，京族民居传统不断继承发扬。

在继承与发扬的过程中，更多的是发展。京族小洋楼二层以上几乎都是标准的现代套房，套房内以卧房为主，卫生间、阳台乃至书房都一应俱全。一些信仰天主教的京族人的房屋陈设有一个突出特点，在房子的大厅正中神龛处放有圣母神像或者圣母图，神像或图画前摆有蜡烛台。有些教徒还用镜框将圣母图精致地裱起来，配以电子蜡烛。部分教徒也将祖先的画像供于大厅里，与圣母神像一起供奉。

如今的京族民居，掩映在木黄麻树丛中，瓜果草木错落交织，郁郁葱葱，似海滨公园，秀丽迷人。在现代化浪潮中，传统建筑仍有一席之地。村落中的"哈亭"，既是京族"唱哈"用的歌亭，又是神庙和祠堂，是京族传统建筑文化传承的主要载体。哈亭的建筑总体布局与庙堂有些相似，其建筑形式古朴、美观，屋顶采用反翘曲线式样，上面饰以红瓦，与白色的主体建筑形成鲜明对比，屋脊正中是双龙戏珠图案的雕塑。哈亭为二进式结构，内部分为正殿和左右偏厅两大部分，正殿供奉镇海大王等诸神灵和当地京族主要姓氏祖先的牌位，殿内的柱子上都雕刻着具有民族习俗特色的楹联或诗词，过道直通大门，过道两侧是通透的厅堂。较大型的哈亭内，祭祀场地两侧设有阶梯形的宾客座席，这是专供村里辈分最高、为修建此哈亭和筹办哈节捐资捐物者所设立。哈亭具有祠堂和神庙的功能，又是京族人民的娱乐场所。

从建筑结构上来说，现代的哈亭实为融合了汉族文化的庙宇建筑，既保留了传统哈亭的建筑特色，又吸取了现代建筑艺术的精华，从建材、规模、样式上都体现了对传统文化的继承、完善和发展。

行

京族三岛在没有与大陆连成一片以前，都是被海水包围而各自独立的孤岛，这对于京族保持自身特有的文化生态是极为有利的。但对村民来说，海水阻隔给出行造成了极大的不便。

因大海变幻莫测，京族视之为神灵，在船头设"海公"和"海婆"的神位，男子每次出海，老人、妇女、孩子都要到海滩上送行，焚香祷告，并举行一些祭海活动，祈求出行平安。一般要进行"问答天灯"的巫术占卜，预测此次出海的凶吉。仪式结束后渔民才可以出海。

在过去科技不发达的时代，京族祖辈们每次出海打鱼都要用上几个月甚至半年的时间，青壮年男子全部都会出海打鱼，只留下老人、妇女和孩子在家。渔民约定回家的时间到了的时候，留在家里的人则于夜晚拿上灯来到海边，高举起来，为在海上漂泊的家人指明家的方向，这就是"昏夜引船返航"的习俗。

进入21世纪以后，出海船只的性能和配置得到了极大的改善，天气预报为出海提供了指南，GPS导航技术又为船只提供了精准的方位，京族人出海的风险性已经大大降低。虽然如此，但历史上形成的一些习俗已经内化为传统，仍在或多或少地影响京族人的出海行为。

出海习俗如此，平日出行也有风俗。因为船舶筏艇并不像现在这般普及，而且都集中锚在便于出海的南岸了，大部分京族群众无论是在三岛区间往来还是登陆江平镇赶圩交易，多在退潮时蹚海上岸。为确保衣裳不湿，无论男女都在下海之前将衣裳解下包好顶在头上，然后蹚着没脐的海水缓缓前行，到达彼岸再重新穿上，裸身蹚海因此习以为俗。有不少群众一年到头就一两套衣服，且裤摆湿烂后便剪掉，长裤变半截裤继续穿。由于"水期"（汛期）因时而异，有些时候到集市需要半夜三更起程，因错过退潮时机而被海水阻隔甚至于溺死者时有所闻。人民公社时期，京族地区的生产大队曾成立过运输（船运）专业队，往返北海、合浦、东兴等地从事货物运输，但主要是运输建筑材料、鱼产品等，且业务较少，不营客运。因此村民出行，仍是以裸身蹚海为主。直到 20 世纪 70 年代围海造田修了围堤，三岛实际变成了半岛之后，这一奇特的风习才渐渐不常见了。

至于陆上交通，70 年代以后京族地区以机动车辆为工具的交通运输才逐渐有所发展。然而由于地处滨海地区，道路建设相对滞后，京族地区交通运输业的发展较为缓慢。1989 年以后，边境贸易的发展促进了当地交通运输业的发展，购置货车、客车从事交通运输业务的京族人不断增多。2004 年，江平镇从事交通运输业的专业户共有 396 户，从业人口 782 人，年营业额 4197 万元，其中有 80% 以上的运输户主要活动在沥尾、山心、巫头等地。①

如今，京族地区的交通得到了飞速发展，三岛与大陆已有宽敞平坦的二级公路连接相通，实现了村村通等级公路，从事边贸贩运的车辆来往穿梭。沥尾岛金滩景区按 AAAAA 级景区标准进行高起点规划，分步实施建设，全长 7.2 公里的双向四车道进滩道路已于 2010 年完工；中越北仑河第二公路大桥也于 2014 年破土动工，这将激活京族聚居区的大开发大建设，同时还将带动对岸越南的新区开发，对于加强中越两国经贸合作、改善口岸交通条件、带动旅游资源开发和边贸繁荣等具有不可估量的作用。京族聚居区交通状况的极大改善，从现实意义来说，它有利于增进防城港市与越南的陆路联系，有利于促

————————

① 资料来源：广西东兴市江平镇政府，2004 年。

进东兴试验区建设这一国家战略的全面实施，有利于拓展我国与东盟等国家的合作、交流；从长远考量，它还有利于防城港市作为边境地区完成"兴边富民"、"睦邻安邻富邻"、维护民族团结、构建和谐边境的特殊使命。京族人之前的种种出行习俗，也都渐渐消失在历史长河里。

4　婚姻、家庭与生育

婚姻

京族实行一夫一妻制，同姓或五服内不能通婚，严禁姑表通婚。由于是迁入的民族，为了族群的生存，京族内部凝聚力很强，过去实行民族内婚，传统婚姻绝大多数是在本民族内部通婚，与邻近的汉、壮民族通婚的很少。有些家庭为了劳动力的需要，或招婿上门，或买童养媳。

近代，又由于经济生活不发达等原因，出现了京族女子外嫁的情况，却很少有嫁入京族家庭的外族女子。直到20世纪60年代，京族男子如果和外族女子谈恋爱仍遭到本族人和外族人的敌视和唾弃。

90年代后，由于经济生活好转，京族家庭较为富裕，不少外地、外族甚至外国（主要是越南）女子嫁到京族聚居区，还有不少已经外嫁的京族妇女带着丈夫及子女回乡。

京族传统社会和汉族传统社会一样，男女授受不亲。但相对那些严谨的清规戒律，青年男女恋爱还是有一定的自由的。且不说浅海作业中，男女有机会一起劳作，在传统节日期间，京族男女还可以通过唱歌直抒胸臆，以歌声来交流思想感情，以歌声来结识朋友，物色佳偶。如果男子钟情于一个女子之后，便与三两好友找机会约该女子及其女伴来到沙滩游逛。男子用脚尖把沙撩向对方表明心意。女子如果也有意，就照样用脚尖把沙踢回对方作为回应。男子也可以折下一枝树丫，将树叶撕成缕，向女子掷去。女子若有意也照样把树叶撕成缕回掷男子。这就是京族异性交往表达爱情的习俗——"踢沙"和"掷木叶"。新中国成立后，由于男女一同参加劳动等原因，异性间交往的机会多了起来，这一习俗已近乎消失。

以前京族地区有一种"对屐成亲"的特殊订亲习俗。京族男女互有好感后，就会请蓝梅（媒人）为自己传送信物——一只彩色木屐。如果木屐正好成双配对，说明"合命"，则意味着双方有望结成伴侣；如果木屐不成双，则表明两人无缘，应该中断往来。这就是"对屐"之俗。

只要两人"相合"，接下来就是由父母或"蓝梅"（媒人）选定佳期进行"联亲"，这就是"父母之命，媒妁之言"。男方请一对能歌会唱的男女，将一个盛有红黑枣、槟榔、茶叶、冰糖等礼品的礼盘送到女方家。女方家也物色两个会唱的男女来接礼盘。在交接过程中，双方以歌代答，女方歌手接下礼盘，表明双方家人都已经同意，此为"联亲"。

联亲后，男子便由"很会说话的人"（京语称为"带中"）陪着到女方家进行认亲。男子身穿礼服——长衫，头戴毡帽，穿布底鞋。到女家后，男子先拜女家祖公，拜四拜；再拜岳父母，拜三拜。礼毕，男子将槟榔敬岳父母和叔伯婶母，半跪下，头向左侧，不能正视，叔伯赠予封包。女方歌手则向男子递献槟榔、蒌叶、香茶等象征美好幸福的物品。这一过程也都以歌进行问答。女方歌手边唱边探测男子才学和是否机灵，"带中"则要为男子解围。在认亲到结婚这段时间里，男方家忌打破碗、煮烂饭、六畜损失、鸡鸭生软壳蛋，女方家忌见两蛇相近，忌出门迎面碰见女人等。

认亲后，男方要择定迎亲日期和"开容"日期，用红纸列单，并送去女家猪肉一块、槟榔一包，称"送日子"。如女方认为婚期太急，便退日子单；如认为婚期可以，则收下日子单。男方要送100斤猪肉，米酒200提（每提等于200克），米斗和一些蜡烛、鞭炮、聘金及红线、搽面粉等。女方的嫁妆主要是蚊帐、衣服、箱子、衣柜等日用品。家庭富有的男方还要给女方送去一定数量的糕饼及布料等，男女双方还要设宴招待亲友，让亲友知道这对男女青年定亲的消息。

接下来就是迎亲准备了。迎亲前一个月，新娘的女伴们便齐聚女家，帮忙做嫁妆并练唱哭嫁歌，附近的男青年也到女家来听唱。女子在出嫁前要哭嫁三晚。第一晚叹父母养育之恩；第二晚叹叔伯婶娘和兄嫂教育栽培；第三晚叹姐妹依依不舍之情。哭嫁时，其母亲、嫂嫂、姐妹也陪哭。

迎亲时，其仪式更加隆重。新郎一般不出场，先由一男童到女方家报时辰。女家依时祭祖后，新娘放声大哭，由人扶出正厅坐稳，由夫妇齐全、有子有女的同族人用红线为新娘褪除容毛（脸上的汗毛）并擦香粉，俗称"开容"。女方家则在通往家里的路上设置三重"关卡"。"关卡"悬灯挂彩，并以彩

条或绳子作为阻拦。第一重关卡由男女歌童把守，迎亲的歌手
——回答了歌童的"盘歌"唱问后，来到第二、第三道由成
年歌手把守的"关卡"。男方歌手必须以歌叩门，直唱到对方
满意后，才得过关。这时女方家紧闭着的大门才徐徐敞开，迎
客进家。迎亲的歌手进入女方家堂屋，双方的歌手唱礼歌互
贺，女方家设宴招待迎亲的人。宴罢，身穿红色花纹短衣、黑
色裤子，用红色丝巾遮脸的新娘拜别父母后，由同胞兄长
（无同胞兄长的则由同族兄长）背出家门，然后新娘要照例给
兄长一个红封包，背者即返入家门。新娘出门以后，女方的歌
手又在迎亲路上设下三道关卡，用红布条拦住。男方歌手唱赢
一次，拿下一条红布条，通过一道关卡，最后都唱赢了，才让
迎亲的人将新娘领走。双方歌手簇拥着新娘徒步前往男方家。
迎亲的人和送亲的人，每行一步停一回，每停一回对一轮歌。

　　无论路程远近，迎亲送亲队伍一般都要在傍晚时分才到男
方家。男家鸣放鞭炮，新娘与新郎双双拜祖公，俗称"拜
堂"。拜堂时，新郎新娘向祖公拜四拜，向父母拜三拜，然后
捧槟榔敬父母和长辈、众宾客。人们以歌祝贺，此起彼伏，婚
礼成了歌的海洋。晚上由男家聘请一位有公婆、夫婿齐全的妇
女来帮助铺席子和挂蚊帐。新娘由伴娘扶送入洞房。当天晚上
由女家陪来的相好姐妹两三人，陪伴新娘同睡一晚。男方及参
加婚礼的亲友则一起宴饮，通宵达旦。

　　迎亲途中如见亲人或村人，新娘要停下哭一阵子；如遇到
水井，要停下来投些钱币；不能路过哈亭；如实在绕不开，则
要给哈亭挂红布、放鞭炮，同时悄悄走开，不许唱歌，不许撑

伞。婚礼两天内，新人严禁吃汤泡饭，因为这意味着"水淋米"，会招来大雨，使姻缘受损。

新娘到男家后的第三天，男家要准备好两托盘（6斤）染红的糯米饭、两块猪肉、两只鸡，由新郎新娘带往新娘家，拜见岳父岳母，新郎新娘住一晚后回男家，这叫回朝。沥尾岛的新娘隔天就要回朝，白天去，晚上回；山心岛的新娘是第三、第五、第七、第十二天都要回娘家住一晚，新郎不用去。至此，整个婚礼才结束。

总的来说，青年男女既可自由恋爱，也可说媒礼聘算命相，但最终都必须征得父母同意。订婚相互需考虑的因素主要是经济状况、家庭和睦、相貌、吃苦耐劳、房屋位置等方面。

随着现代化、城镇化的推进，京族聚居区生活节奏也在加快。现今的京族婚恋礼俗已经极大简化，大多是自由恋爱、结婚登记、送礼几大步骤。"对屐"、唱槟榔歌等已经消失，"回朝"则不用像以前一样等到第三天，而是第二天就回，也还送猪肉、槟榔、白头饀等物品。

京族人当中有一部分人笃信天主教，他们基本遵循只和教徒结婚的原则，因此这部分人的婚姻制度和结婚仪式，均按照天主教的教规来进行。他们没有童养媳、不落夫家和入赘等习俗，不用请算命先生看八字、择吉日，除了斋日（星期六）外，哪天都可举行婚礼。按照教规男20岁以上、女18岁以上方能结婚。新娘一律坐轿，与其他京族人不同。这些天主教徒的订婚、结婚仪式：先通过自由恋爱并征得父母同意后，到神父处登记，在一张表格上双方签上名，神父对男女双方说教一番，订婚完成。由男方择日举行婚礼。婚礼仪式如下：

（1）鸣钟：新郎新娘及双方亲友齐聚天主教堂的圣堂。

（2）主礼司铎偕辅祭升祭台。

（3）新郎新娘偕男女证婚人至圣体栏杆前，新郎新娘跪正，证婚人侍立。

（4）主礼司铎偕辅祭至圣体栏杆处，面向新郎新娘。

（5）主礼司铎征询新郎新娘是否同意婚约。

（6）新郎新娘行执手礼。

（7）主礼司铎诵经祝福新郎新娘。

（8）主礼司铎祝圣配戒指。

（9）新郎接受戒指加诸新娘左手无名指上。

（10）主礼司铎诵经祈祷。

（11）主礼司铎举行弥撒。

（12）证婚人退下。

（13）弥撒"天主经"后曰弥撒末，主礼司铎祝福新婚夫妇。

（14）弥撒完毕，新人退下。

（15）礼成，出堂鸣钟。

教会给教徒举办婚礼是免费的，一般是请北海的神父过来主持婚礼，同时召集教徒一起念经祝福。教徒只需按照自己的意愿交一定的场地布置费，比如买花、气球和一些糖果的费用，教徒按自己的能力和意愿支付这些费用。

无论信教与否，京族人结婚后婚姻关系都较稳定。京族民风限制离婚，惩罚改嫁。当然还是有离婚的现象。新中国成立前，离婚比较简单，只要男女双方同意，由男方写一张离婚书，交女方收执为凭便可。写离婚书时，一般要到外边的草坪上或树林里去写，以防晦气给家里带来不吉利。写完后要把笔和砚台扔掉，意味着姻缘走到尽头了。若是女方提出离婚，女方要把男方给的聘金和其他费用如数退还，若是男方提出的，则不必退还。离婚女子可再嫁。若未生育，家中父母仍把她当成未出嫁的女儿一般看待。新中国成立后，离婚则遵循相关法律程序。

寡妇再嫁则受到歧视，这体现在：（1）聘金很重。若有男子想找寡妇为妻，要付给寡妇的家翁或叔伯一笔财礼，得到他们认可方可成亲。（2）寡妇不能在前夫家里迎娶，必须到圩场、树林中等候男人来接。民间说法，寡妇如在前夫家里出嫁，会给前夫家里带来厄运。不过山心岛属于例外，寡妇可以在家里出嫁，只是不许走正门，只能从旁门出去。

京族群众对非婚生子女处理比较残酷，按照沥尾村的村规，要对女子的家长罚款，并要女子说出该男子的姓名，该男子家长一并接受处罚。

新中国成立后，由于现代化进程的加快，京族传统婚俗有些已经改变。而且，随着族际通婚的增多，在婚俗上多少受周边汉族、壮族的影响。因此京族的婚姻习俗有简化之势，与周边主体民族趋同。

和周边民族的"不落夫家"风俗不同，京族女子婚后必须到夫家居住生活。京族男青年婚后则一般由父母分给住房、田产、农具或渔具等生活或生产资料，另立门户组织小家庭。

家庭

京族家庭属于父系家长制，因此家政由长辈主持。家庭内部男性长者在家庭中的威望较高。三代同堂，爷爷当家；爷爷年迈，父亲主持；父亲去世，儿子当家；父母双亡，大哥为父，大嫂为娘。子孙年幼，由祖母或母亲当家。远古母系制舅权意识在京族家庭中仍有所表现。舅父有权威，一般兄弟分家，舅父要到场主持公道；父母亲去世，舅父到场，方可入殓。红白喜事，要请舅父坐上席等。

严尊卑、序长幼是京族家庭礼仪的主要特点。幼辈要孝敬长辈，长辈的话幼辈要听从，有异议不宜公开反对，只能提出自己的见解同长辈商量，绝不能顶撞或打骂长辈，否则被视为忤逆不孝。在每一个家庭中，子女孝敬祖父母和父母是不可缺少的意识，一般场合下不能直呼父母及祖先的名字。如果被别人指着父母先祖的名字奚落或辱骂，被奚落或被辱骂者会认为是受了奇耻大辱。近年来，忌祖先父辈之名的情况才有所少见。

50 岁以上的老人是备受京族人尊敬的。每年老人的诞辰，家里的晚辈都要向老人祝寿，嫁出去的女儿也都要带着寿礼回来拜寿。过去富裕人家还要大摆酒席，亲朋好友纷纷带着"寿资"前来庆贺。由于这个习俗的传承，家里有老人进入 50 岁以后，就要着手做寿衣、寿帽、寿鞋等，以寄寓老人能健康长寿。

京族夫妻之间是比较和睦的。男女的分工和地位略有差异。一般是男子主外，妇女主内；男子主要从事渔业生产，驾舟划筏出海捕鱼，妇女留在家里从事农业生产和料理家务。男子捕获而来的海产品多由妇女挑到街上出售，所得的钱，大多由妇女保管，过年过节或家中需要添置东西、人情往来、款待亲友等，多由妇女决定，男子很少过问。20世纪六七十年代人民公社时期的集体劳动在较大程度上消解了京族人家庭内部的性别分工，但80年代落实家庭承包经营责任制后，京族人传统的"男主外、女主内"的分工又重新得到了恢复。目前，男子仍多从事深海、远海捕捞，妇女多从事浅海作业、海产品加工、边贸、餐饮、旅游服务、商品零售等，她们的收入很多时候比男子更多。妇女在家庭经济中发挥的作用越来越大，不少家庭中由妇女掌管财政大权，在一定程度上提高了她们在家庭中的地位，家庭成员关系渐趋平等。

家庭财产的继承方面，以男性继嗣为主，因此京族妇女较少有继承权。家庭的所有财产，包括田地、房屋、渔具、浮财等，由兄弟平均分配，女儿无论出嫁与否基本不参与分配。父母在世时，往往给自己留一份"养老田"，他们愿意跟哪个儿子生活就跟哪个儿子，跟谁就把这份"养老田"带去给谁。父母养子成人，儿奉父母归阴。父母去世时，由兄弟共同办理丧事，事后对于父母留下的遗产，一般根据兄弟各人对丧事负担的多少进行分配。这种财产继承的观念和做法，直到今天仍基本如此。自20世纪八九十年代边贸生意兴起之后，一些年轻人做生意发了财，对老年人就不像过去那样言听计从了。一些老年人不愿意同儿孙一起生活而选择了独居。

也是自20世纪八九十年代开始，京族妇女的就业机会增多，经济收入也随之增加，对家庭的经济贡献增大，她们在家庭中的经济地位有所提高，不少家庭也把女儿加入继承序列。同时随着国家法律的普及，一些家庭的女儿也可以继承部分家庭财产了，但数量一般比其兄弟少。

生育

京族在生育上是有一些讲究的，而这些讲究又大多与禁忌有关。孕妇从得知怀孕的那一天起，就不能吃有腥味和刺激性的东西，京族人认为此类食物能使胎盘增大、增加临产痛苦。孕妇不能移动自己的床铺，外人不许坐孕妇的床，家人不能睡孕妇睡过的床。不能在孕妇的卧房里剪东西、钉钉子。孕妇房内和房前屋后不能随便使用锄头、铲子来挖土或掘东西，忌搬动家中的鲶汁缸。孕妇不能进入哈亭参加哈节活动。如此等等。

孕妇怀孕一段时间后，家人还要请人（主要是接生婆）占卜吉利方位，然后孕妇平时换洗的衣服要按照这个吉利的方向来晾晒。

生产时如果遇到难产，还得请法师做法事驱邪。妇女产后的一个月俗称"坐月"，在坐月期间也有诸多禁忌。坐月期间有外人进屋是不吉利的，因此家人会在大门屋檐处挂着一张大渔网，表明闭门谢客。在此期间，产妇及其丈夫也不能到别人家串门，更不能参加哈亭的任何活动。产后七天，产妇可出门走动，但不能到井边挑水，不能到厨房煮东西，以防冒犯灶君。一个月后产妇方可进行正常的劳动和生活。出月子之后第一个进屋的客人叫"踩生"，被认为是孩子的命中贵人，会被孩子的父母当作贵宾看待。

婴孩出生后第三天要杀鸡祭祖，即做"三朝"。这个习俗也和汉族的传统习俗一样。宋代的吴自牧《梦粱录·嫁娶》有载："三日，女家送冠花、彩段、鹅蛋……并以茶饼、鹅、羊、果物等合送去婿家，谓之送三朝礼也。"《四游记·玉帝起赛宝通明会》："却说那小公子灵光，才三朝便能言语。"清代孙枝蔚《新嫁娘》诗："从今愁妇职，人莫羡三朝。"土家族、白族等也有这样的习俗，由此可见"三朝"礼俗的普遍性。

婴儿出生后，婿家还要庄重地以红纸书写"庆诞"喜报，附以槟榔、柏枝、橘子之类的吉庆物，送到岳父母家，民间称"报姜"。岳父母在婴儿出生的第十二天再将"报姜"喜讯广泛告知亲戚朋友。届时由岳母（产妇之母，又称"外家头"）带领亲戚朋友，带上鸡、瘦猪肉、粽子以及烧酒、爆竹、婴儿新衣等，前往婿家祝贺，俗称"送姜""送羹"。几天后岳母再送一些红色的带有花纹的衣服给婴孩，有的还送米、背带等。

如果婴儿不幸染病，要请法师到家里做法事，念咒压邪，民间称"置花"，其寓意为"培花根"。过去由于受到经济条件的限制及卫生保健条件普遍不好，因此京族人对新生儿存活的期望值有所保留，对婴儿满月的庆祝活动比较低调，通常是略备薄酒请娘家及主家的亲友吃一餐即可，一些人家甚至没有办酒席的准备。亲友送的礼也比较简单，多为鸡蛋及小孩的衣服。20 世纪 80 年代后，生育习俗有所变化，出现了新事新办的趋势。

京族的生育习俗内涵丰富，不同程度地体现了他们的生活方式、历史传统和心理情感。同时，它还吸收了其他民族的生育文化，像"定花根""置花""培花根"等习俗，就带有浓郁的古代骆越文化积淀的因素和痕迹。随着社会的不断发展，不少习俗也在不断地演变，有的甚至消失了。总的来说封建迷信的成分少了，更多地体现了现代社会先进文化与传统文化的相互交融。

5　丧葬与祭祀

京族人对丧葬和祭祀是非常重视且谨慎对待的。

丧葬

过去 50 岁以上的人病故，被称为"正寿"，当按正常的礼仪办丧。其过程大体如下。

报丧　老人断气后，孝子要在旁边守护，待法师查阅历书确定无"重丧"之后，方可哭丧举哀。倘有"重丧"，法师要另做法事，杀鸡代命以"解犯"。由孝子亲自到族内各家去报丧，再派一名族人到外家报丧，并派人到舅家报丧。待舅家来人验看后（尤其是对娶来的女性）才能入殓。这是远古母系制舅权意识的残余表现。

入殓　入殓前要用浸着柚子叶的热水给死者净身并更衣。洗后的水不能随便乱倒，要罐装起来，待出殡后，夜里拿到野外丛林去掩埋。为死者更衣后，便由孝子把死者抬放到祖厅内的草席上，用死者生前的蚊帐罩着。族内兄弟便把棺材横置祖厅，用一两块砖头垫底，棺材头朝东。入棺要选择时辰，先由法师念咒，用火把驱赶棺中的鬼邪。孝子孝女们抬尸入棺，在死者嘴里放两三枚钱币和几粒白米，以安其魂魄。再在死者身上覆盖一块红布，以示阴阳两绝。若死者的配偶尚健在，还要将原来共用的被单撕下一半盖在死者身上，表示从此鸳鸯情断，人鬼分途。最后把棺盖钉牢。

做斋　法师立坛念经，超度亡灵，使亡灵得到净化和安乐。法师用本民族语念诵的经书，大都是译过来的"佛""道"经卷。过去富裕人家往往修斋三昼夜或七昼夜，称为做大功德（或大斋），一般人家只能做一晚，称为做小功德（或小斋）。"做斋"期间，子女们都要披麻戴孝，席地坐卧，日夜守灵，不得随便离开，吃饭不能用筷，不能吃荤腥食物。

殡葬　殡葬的时间和地点均由法师择定。时间一般选在潮落的时候。出殡时，在法师的导引下，先由一人左手持点燃的火把，右手握着大刀，背着装有蜡烛、冥币等物的竹篓开路，意为向野鬼买路通行。棺枢由孝子用一布牵引出门，出门后只走出十余丈远，孝子便快步跑至棺前仰躺于地，让抬棺者横跨而过，表示死者的整个家族都奉送亡灵前往仙界。墓穴是由族兄们依照法师要求事先已挖好的，灵枢抬到墓地后，法师挥动法刀，在墓穴上方望空劈下，以驱"天精"；接着在墓穴四面扫劈，以驱"地精"。下葬时，法师咬破公鸡的鸡冠，把血滴在灵枢上面及墓穴四周，再用法刀撮一点土抛入墓穴内，孝子孝女也跟着抓一把土撒在棺材上，然后由抬枢者埋土起坟。孝

子孝女对新坟行"三跪九叩"大礼后，另择新路返回。离开
新坟时，送葬者每人在坟边取些泥土带回，撒在自家门口或牲
畜栏内，丧主家多撒在厨房或死者的床底，俗称"带福禄"
或"取福"。

葬后三天，孝子孝女备三牲和香烛纸钱前往祭坟，给新坟
培土，俗称"复坟"。这种"复坟"之俗，在古骆越后裔的诸
民族中仍在流行，是远古时代祖先崇拜的产物，目的是使坟墓
显得庄严肃穆，以表示对祖先的尊崇。但和其他民族有所不同
的是，京族复坟时所建的茔墓较为低矮。

在葬礼期间，孝子孝女不能用筷子吃饭，不能戴金银首
饰。在老人去世未满"三七"二十一天前，其子女不能杀生，
也不能出海打鱼。新中国成立前，老人弥留之际，家人就将其
从床上移放到地面的新草席上，头朝左，脚朝右，不能倒置。
他们认为老人在床上咽气，会对子孙不利。老人咽气后，子女
及眷属须待法师查明当日无"重丧"之后，才可以哭丧举哀。
给死者擦身用的水不能现去水井或河里提取，必须用水缸里的
水，并加柚叶后煮沸。洗尸水不能随便倒掉，而应用干净的瓶
或罐装好，出殡后于深夜到树林中挖坑埋掉，以免别人踩到。
死者所穿的衣服不能是棉布的，担心几年后捡骨时骨骸色泽不
亮，也不能穿别人的衣服，怕亡魂在阴间入不了神籍。死者的
殓衣上要烧许多小洞，这样才能防野鬼抢夺。入殓前，请法师
念咒作法，以驱赶棺材内外的各种灵邪，好让亡灵得到安宁。
孝子还要给死者的头颈和脚踝处缠上两根小绳，以使亡灵固定
于棺内，不出来四处游荡。

丧事期间，丧家要请一些亲友，但气氛相当肃穆，就餐者不能谈笑嬉戏，更不能划拳或匆匆吃完离席。未出殡前孝子孝女等人还必须站着吃饭，而且不许用碗筷，也不许穿鞋袜。若是唱哈期间去世，丧家不能马上办理丧事，因为个人的白事不能冲撞全村的喜事，要等哈节结束，才能将棺材下葬。

下葬后一般守孝 1~2 年。孝期未满不许办任何喜事，不得参加哈亭和祭祀娱乐，否则是对死者的不敬不孝。京族人认为 80 岁以上的老人去世是"百年归老"，是白喜事，殡葬仪式比较隆重，应守的禁忌也相对较少。

京族有捡骨重葬的习俗，一般于葬后三年进行。忌葬后第十年进行。开棺日还必须选在重阳。骨骸不能见天日因此开棺时必撑伞在上。孝子不能亲自捡骨。重葬的地点非常重要，须请风水先生择地，并择日重葬。

京族天主教徒的丧葬则遵从教规教义。教徒临终前请神父做弥撒，死后由教会免费提供墓地，免费帮忙操办葬礼。葬礼的过程简单庄重。教会专门设有为亡者服役互动组，轮流负责在葬礼期间的事务，如购买葬礼所需用品、抬棺材、安置墓地等事务。举行葬礼时，神父在教徒的墓前挂上十字架，点上蜡烛，带领教徒在死者墓前念经、祷告，一遍遍地咏唱，洒上圣水，祈祷灵魂上天堂。整个过程简单庄重，富有人情味。

祭祀

京族聚居地的祭祀习俗颇有特点，沥尾、巫头的京族为每年农历十二月二十日扫墓祭祖，清明节不扫墓。散居地的京族祭祀活动则与当地汉族相仿。

京族实行"异祖共祭制"。在哈亭里，设有祭祀祖先的祖厅，在那里祭祀着各自姓氏的始祖。每年的哈节，京族人都共同祭祀这些不同姓氏的先祖。这是因为早期在京族三岛所建立的宗族多是合约制宗族，与华南典型宗族不同的是，这类宗族并不是建立在纯粹的血缘关系上的，而是根据来自同一祖籍的同姓关系建立起来的。京族先祖当年在越南原籍时一般都是以血缘聚居的，后来由于他们迁来中国的时间先后不同，且受地理条件的限制，因而不得不混杂地居住在一起。他们一般是为生活所迫而陆续迁来的，由于经济条件和单家独户的原因，使他们不可能也没必要建立各自的宗祠，只好在村里联合共建一座"哈亭"，每村一座，把"本村诸家先灵"与其他神祇一起请到里面，每年对其进行共祭。京族的"哈亭"作为宗族组织，尽管它在发展变异中已不是单纯的某姓或某个家族的"宗祠"，但从它的有关活动中仍可窥见各姓传统家族的某些文化特征。

除了祭祀祖先，京族还供奉和祭拜各年代加入先祖先辈的三种神：一为有功者，即生前为国家、为民族、为村庄和哈亭有贡献的先人。二为"买厚"者，即没有后代的老人，把自己拥有的田地作为"厚德"送给村里做建哈亭用地，或由村里出租、典卖，所得的钱款用于供奉圣神。这些老人去世后就可以加入祖先神位。三为所谓"圣神需要"者，即村里一些正值盛年却突然去世的人，生前精明能干，容貌端庄又未婚，他们的死被认为是圣神的旨意，这个"神旨"通过"降生童"之口传给村人知晓，村人就让这些人进入哈亭祖先神位服务圣神，接受村人的祭拜。这种既共同祭神又共同祭祖的"异祖同祭"习俗，显然是在独特的历史条件和环境下形成的，它是"宗祠"习俗的一种变异。这些宗亲之间在生活上互相帮助。而那些进入祖先神位的三种人，也在京族社会中树立榜样，稳定了社会秩序，加强了民族认同感和凝聚力。这样的"异祖共祭"在客观上是有积极意义的，它淡化了家族和宗族观念，增强了民族意识，对发展地方经济文化事业是有裨益的。

6 传承与教育

在长期的生产和生活实践中，京族人民总结了丰富的生产劳动经验和技术，形成了民族的传统文化并通过各种形式代代传承和发展。由于京族地区正规的教育机构出现得比较晚且并不普及，因此京族教育多为民间教育。教育的途径大致有两种：一是口头教育，年长一代在各种场合通过言传有意识地向年轻一代传授历代积累的生产经验和生活知识；二是行动教育，年轻一代受年长一代的示范影响，在各种活动过程中进行行动模仿，从而掌握各种知识、经验与技能。

生产劳动教育

受居住地自然条件的限制，京族首先发展起渔业生产，然后才逐渐发展起农业和手工业生产，并以渔业生产为主体。生产劳动教育主要包括渔业生产知识的传授、农业生产经验和手工业技术传授等方面，而渔业生产知识的传授则是其中最主要的内容。

在日常生活中，京族便通过父传子、长传幼的形式，让年轻一代识别渔具、网具，了解其式样特征、功能等，还教他们具体操作使用方法。待他们年纪稍大一些又传授制造和使用渔具和网具的方法、技巧。京族青少年在十五六岁便开始参加出海捕鱼活动，在长辈带领下掌握渔业生产的各种实践经验和技术。除基本经验与知识外，要成为经验丰富的渔民，还应具备一些特殊本领，如掌握气候变化、渔期汛情、潮水涨落、鱼群回游等渔业生产的规律性常识。掌握这些本领的长辈特别受到尊重，并成为渔业生产的指导者和传授渔业生产知识的教育者。

京族农业生产教育晚于渔业生产教育，而且不如渔业生产教育那样普遍。其主要内容有农具的识别、使用和制作方法与技术的传授、农作物的生长规律及其耕作方法与技术的传授、田间地头管理的基本知识的传授等。家庭中的长者或村中成人在生产劳动过程中以及生产归来的闲暇时间通过言传身教把这些知识有意识地传授给年轻一代。

京族也有少量手工业生产者，他们主要从事腌制鲶汁、制作木质用具和竹器等工作。这些技艺通过家庭内部传承或师徒传承的方式，由年长者在实践中传授给年轻一代。

生活习俗教育

京族在历史发展过程中逐渐形成了独具特色的生活习俗。青少年从小生活在民族环境中，时时处处受到年长者的言传身教，因此自然掌握了这些生活习俗知识，并能自觉遵守，代代相传。与京族人生活密切相关的婚丧嫁娶等活动，涵盖了大量的京族民俗、伦理道德等多方面内容。这些内容经过成员的社会化参与而得到应用、传承和发展。

民族节日是民族习俗的大展示，蕴含着丰富的综合性教育内容。节日本身对青少年就提供了特定的教育机会和场所，也提供了丰富的教育内容。青少年通过这一固定化、经常化的节日活动，逐渐学会了本民族生活、风俗、传统及宗教知识及相应的技能。

伦理宗教教育

传统的京族社会是一种典型的血缘和地缘结合体，是一个"乡土社会""熟人社会"，这个社会中的人际关系多是人们于日常频繁交往中形成的稳定联系，交往对象大多是熟悉的面孔，血缘和情缘发挥着无形的监督作用，调节着彼此之间的关系。长期生活在这样的社会中的京族人，依照人情关系的远近，确定伦理规则和道德秩序。彼此长期交往的人们，互相知根知底，通过各种亲近性舆论监督和礼仪规范，对社会成员进行伦理教育，发挥规范和调节作用。

除此之外，文娱歌舞、乡规民俗和宗教活动也持续地对社会成员进行伦理道德教育，使其明确应如何对待父母和长辈，如何待人接物，如何处理各种人际关系，诸如此类。

文娱活动中的家庭伦理故事、民间伦理歌谣等，如《三兄弟》，蕴含许多人生哲理。这些故事、歌谣、娱乐活动等使下一代对本民族伦理体系产生认同并积极实践。

带有强制性约束力的村规民约是民间教育的一种形式，对京族人的伦理道德教育发挥了一定的作用。尤其是以碑文形式订立的有关禁止偷盗及赡养老人等方面的规定，无不带有教育、劝诫、惩罚的作用，至今对京族人的生活仍有影响。

宗教教育形式是社会化的和全民族的，遍及妇孺老幼。而这些宗教、巫术活动往往借助一定的社会科学或自然科学知识来"显灵"，因而在其活动中，客观上必然会有一定的自然常识及文化知识与技术教育。如人病请师道除妖等一些宗教仪式，其中也暗含一些心理学、医学等因素。在青少年中也会留下深刻的印象和影响。再如宗教职业者要做一些法术，其经书用"喃字"写成，师傅要向徒弟传授汉字和喃字。这属于语言文字的教育。从某种意义上说，京族人的宗教活动、仪式场所，也就是京族青少年接受宗教教育的课堂，宗教仪式是古代京族宗教教育的主要形式。

历史知识教育

由于京族是一个迁移民族，这一群体绝大部分为穷苦的渔民，特定的人口构成、生产生活状况及地理环境等因素，使京族有关自身历史的文字记录相对匮乏。又由于历史上京族面临民族歧视，处在强势民族、强势文化的包围之下，作为一种生存策略，他们选择了"群体性遗忘"，即一些越南远古神话、越南各个朝代的更替等被有意回避，只有族群迁徙的历史记忆及近现代历史留存下来：世代相传的家谱、族谱、喃字文献等。这些家谱、族谱等记载了迁徙经过。沥尾流行的"迁徙歌"中就说道："京族祖先几个人，因为打鱼春过春，跟踪鱼群来巫头，孤岛沙滩不见人"，"前续后接十几代，综计阅历数百年"。有关京族三岛的传说、故事叙述了京族三岛的历史由来，对后代也起到了关于京族起源方面的历史教育作用。近现代的一些有关民族英雄等的传说，承载着特定的历史事件，口耳相传至今。京族民间还流传着长篇叙事歌，具有进行历史知识和民族史知识的教育作用。

民间教育

京族人民创作了大量反映封建社会京族人民生产和生活的口头民间文学，这些丰富多彩的文字作品往往成为京族民间教育内容的重要部分，很多生活知识、生产经验、民族情感、民族文化，就是通过这些作品传递下来的。它们不仅是京族传统的口头教材，而且还是延续其民族生存的极为重要的教育手段。

由于京族迁入时绝大部分为穷苦渔民，特定的人口构成、生产生活状况及地理环境等因素，决定了他们的教育尚未从社会实践中分化出来，教育只能是生产生活实践中的言传身教、口耳相传，教育形式主要是社会化和模仿化，停留在渔业民族的原始教育阶段，没有分类明确的学科体系，教育内容呈现明显的原始社会性。

到了清末，京族三岛开始出现了私塾。私塾由京族群众自己出资筹办，主要进行基本的汉字识字教育。师资方面非常不稳定，有汉族教师，由于语言的关系，也有从越南聘请的塾师。虽然条件艰苦，京族人民的办学热情还是比较高的。这和京族身处儒家文化圈尊师重教的传统有关。民国时期，京族聚居区相继创办了初级小学堂，其办学形式基本上是半私塾的，学校教育仍然落后。可以说，至 1949 年，京族的学校教育基本是空白，民间口耳相传的形式仍是教育形式的主流，仍然停留在原始社会的模仿教育和口头教育阶段，以身教言传、行动模仿为主要教育手段。因此，从教育形式、手段等方面而言，京族民间教育具有明显的原始性；从教育内容而言，各种知识互相交织、互相渗透，包罗万象，兼收并蓄，没有分类明确的学科体系，教育内容呈现明显的原始社会性。

新中国成立后，京族社会的教育纳入了国家统一教育行列，学校教育逐渐成为主流，民间教育逐渐退居次要地位。京族人民延续了注重教育的坚定信念，学校教育取得了飞速发展。然而，就算在京族教育取得极大发展的 20 世纪六七十年代，由于"多、快、好、省"发展教育的"左"倾思想的影响，京族聚居区虽然建立起了从小学到中学的教育体系，但其教育质量较为低下，这也使京族注重教育的传统多少有些削弱。20 世纪 80 年代末以来，京族人民在富裕起来的同时不忘教育，他们捐资办学、投工投劳修建校舍等。投资的加大使京族整个民族的文化素质得到极大提高，进入文化教育较为发达的民族行列。

20 世纪 90 年代后，京族千百年口耳相传下来的生产生存知识也已远远适应不了当代社会生活的发展变化。经济生活方面，远海捕捞、滩涂养殖、海产加工、进出口贸易、民俗旅游等成为京族地区的几大经济支柱，而民间教育对这些新兴行业的贡献作用越来越小。以边境贸易为例，大宗期货交易的多变性、风险性远不是渔业生活社会提供的生产生存知识所能应对的。京族人民顺应时势，积极求变，自发形成了一些民间教育组织、团体，积极发展以技能培训和知识技术更新为主体的各种成人教育。1997 年氿尾村级农民成人教育学校的成立是一个好的开端，为提高水产养殖、加工的产量和效益，京族渔民还筹钱聘请台湾海产技术专家和防城港技师到岛上开办了 30 多期培训班，讲授各种海产养殖和加工技术，受训人数达 3000 多人次，培养了一批海养土专家、养殖能手、海产加工专业户。一些掌握拉丁越南文、喃字的长者，也开设各种培训班，志愿担当起了传授群众学习这些技能的重任。自 2000 年起，农历每月初十是京族的歌墟日，这一活动正在形成京族文化传统的传承机制。京族民间教育呈现复兴之势。京族人民用具体的民间教育行动，努力推动着学习型社会的形成。

7　节日与娱乐

由于历史上受到汉族文化的强烈影响，京族的节日与汉族基本相同，也过春节、清明节、端午节、中秋节等，同时也保留了一些民族节日，如哈节。相同的节日也是同中有异，"同"的部分体现出文化交流和民族融合，"异"的部分则保留了京族传统、京族文化特色。

节日习俗

春节　京族过春节与当地汉族、壮族相似。除夕日，各家做白薯饐糕点（糯米粉裹糖心）和各种菜肴。中午全村老幼齐聚哈亭，以"三牲"（猪、鸡、鱼）祭拜神灵、议事。除夕

在"哈亭"议事，是京族人多年来坚持的一个传统。回家后
再祭祖先，晚上守岁至零时，燃放鞭炮，再次以白薯饐祭祖
先。大年初一清晨，起床后开门迎春进屋，放鞭炮，到屋外的
菜园拿两个萝卜，若是别人的菜园，采后留下几毛钱给菜园的
主人。各家到井边烧香汲水，名为"买新水"。早餐家家吃糖
粥、白薯饐等素食，不能吃荤喝酒，午餐方可吃荤喝酒。大年
初一这天闭门谢客，大年初二外出访友拜年。一些大家族的子
孙，在每年的大年初一、初二到本族族长家祭祖，举行颂文朝
拜祖公仪式。晚上7点，各族的子孙们集中在本族祖先家（本
族长者家）上香，供一些饼干、糯米粥、一碗大米等祭品，
然后开始念颂文朝拜，一边读一边打鼓敲木鱼，详陈祖先的功
德，请祖先回家过年、保佑本族的子孙等。有的家族还请来本
族的降生童，让祖先的灵魂借用降生童的身体，与子孙们说
话。

小年　正月十五日称为"小年"（京族人不叫元宵节），
这天要用鸡、猪、鱼三牲再祭祖先，春节活动才告结束。近年
来随着生态环境的变化及族际交往的频繁，一些旧习俗消失
了，譬如"买新水"，而一些新民俗正在兴起。

清明节　以前的京族人不在清明节扫墓，而是在春节前。
随着京族与外部联系日益密切，一些外出工作的京族人把汉文
化的影响带到家乡，一部分京族人把春节前扫墓的习俗改成了
清明节扫墓。山心、江龙等地的京族因受当地汉族风俗的影
响，清明节进行扫墓拜祀，沥尾、巫头等地则是在农历十二月
二十日至三十日扫墓祭祖，然后才过春节。这部分京族人认为

人鬼都一样过节，应当先祖宗后自己，所以到了清明节反而没有扫墓的习惯了。

端午节　京族人的端午节也有赛龙舟、吃三角粽、饮雄黄酒的习俗。此外，京族妇女会在这一天穿耳，因为她们认为这天有"龙王水"，穿耳最吉利。

中元节　七月十五本是佛教的盂兰盆会，佛教徒在这天要举办法会，祭奠祖先。京族群众在这一天也仿效汉族祭神拜祖。民间认为，无人供养的野鬼如果缺衣少食就会侵扰村庄，所以，民众请法师在七月十五施衣食，称为"施幽"。但奇怪的是，当地汉族是早一天（七月十四日）过节，京族一些老人认为汉族比京族先来，所以汉族过节要早一天。京族和中国大部分地区一样，是在七月十五日过中元节。节日这天，京族人早上煮糯米饭和糯米糖粥供拜祖先，中午宰鸡、杀鸭、煮猪肉等供拜祖先后进餐饮酒，然后聚集到哈亭前，请法师作法，给鬼魂"施幽"。作法完毕，群众上前将"施幽"的食品一扫而光。民间认为小孩抢到"施幽"食品为"得福"。这个节日与佛教有关，因此京族天主教徒是不参与的。

中秋节　农历八月十五这天，家家煮糯米饭、糯米糖粥和做"风吹饁"，并买猪肉和月饼。到了傍晚，全家吃团圆饭。晚上则在户外摆上月饼、茶、柚子等供拜月亮，全家赏月吃饼。青年男女则利用赏月机会相互认识、交往。

食新米节　每年秋收以后，京族群众总是在农历十月初十这天用新米做饭，全家老幼围坐在一起吃新米，庆贺当年丰收并预祝来年风调雨顺。近几十年来京族人从事农业劳作的人越来越少，仅山心村部分从事农业劳作的人过这一节日，巫头、沥尾两村的人基本不过了。

京族传统是不过重阳节的，但随着族际交往的频繁，近年来也过起了重阳节。在这天，老人们在哈亭举行歌圩，歌唱生活、抒发感情，其乐融融。

京族还有"祈福日"和"还福日"，年初"祈福"，腊尽"还福"。即在春节过后的农历二月二十左右"祈福"，而年尾即农历十二月二十左右"还福"，意即一年来有很多收获，感谢圣神赐予的福气。

京族天主徒除了过以上的大部分节日，还过一些宗教节日。主要是四大瞻礼节——圣诞节、复活节、圣母升天节和神降临节。其中以每年圣诞节最为热闹，教友们在教堂集会，举行各种天主教仪式，然后是晚会庆祝，有文艺表演、礼花燃放，场面和气氛跟春节一样热闹。

哈节及娱乐

"哈节"是京族特有的民族传统节日，主要内容有祭神、乡饮、娱乐，是社节的变异，也是京族宗教和娱乐活动最为集中的一次展现。近年来哈节的宗教色彩逐渐淡化，"娱人"气息越来越浓重，我们可以从哈节中的各种娱乐形式，窥见京族娱乐的特点。

哈节的娱乐活动主要有跳竹竿（竹竿舞）、顶头、顶竹竿、捉活鸭、摸鸭蛋、拉吊、踩高跷等项目。

有些项目主要是测试参赛者的水性，提高游泳和潜水的能力，强化竞争意识和积极进取精神。"捉活鸭"这项体育活动，就是较量参赛者水性高低的。每逢节日，人们自动组织起来，举行"捉活鸭"比赛。他们先把一只鸭放进海里，让鸭游出一段距离，参赛选手们纷纷跳下海去抓鸭子。受惊的鸭子在前面游，选手们在后面追，好不热闹。谁抓到鸭子就是胜利者，就把这只鸭子奖给他。

"摸鸭蛋"，是将一些熟鸭蛋丢进海水里，待鸭蛋沉到水底之后，参赛的选手们纷纷潜到海底去摸鸭蛋，捡到鸭蛋多者为胜。

有些项目则考验参赛者的灵活度与合作精神。如"跳竹竿"。该舞蹈起源于渔民庆丰收时的舞蹈活动，后来演变成在盛大节日或秋后举行的娱乐活动。届时，京族男女青年穿着节日盛装，参加"跳竹竿"，欢度节日，欢庆丰收。其活动方式如下：将两条粗长木杆平行排放，上放8条细竹竿，分为4对。操竹竿者为8人，每边4人，双手拿竹竿，对面相向。8人中的一人统一指挥，按着一定的节拍，同时向下不断地敲打粗木杆，并且每对细竹竿时开时合。跳竹竿的人则按着节拍在竹竿间跳各种动作，统一从一面进另一面出，在竹竿之间跳跃，不能让竹竿碰着脚。可单人跳，也可双人跳、三人跳或成队跳，开合时，双脚必须腾空或停在细竹竿的空隙中，既不能踩着竹竿，也不能被不断开合的竹竿夹到。随着竹竿的分合、高低，跳竹竿者灵活地跳跃其间，并做出各种优美的姿势，如单跳、双跳、侧身跳、腾越……动作千变万化，十分优美。操竹竿的8人，则有坐、蹲、站三种姿势，一般先坐着打，然后蹲着打，最后站着打，难度越来越大。凡是跳竹竿者的脚、脚跟、脖子和腰被竹竿夹住或碰着就为输，自动退出场地；凡是经过坐、蹲、站打一直保持不败者，即为优胜者。

"顶头""顶臂""顶竿"等是一些简单易行的体育竞技活动。比赛双方面对面地双手撑地，双膝跪在地上，头颅相触，奋力推顶，将对方顶翻在地为胜。一般要赛三次，两次获胜者为胜利方。"顶臂"比赛时，两人相对而立，同时伸出双臂，掌心相抵，双方用力推顶，直到一方推越画在地上的中线，把另一方逼退为止。一般也赛三次，两次获胜者为胜利方。"顶竿"活动更为精彩：两人相对而立，用一条两米多长的竹竿，分别置于双方的颈脖间或腹部，双方同时发力，尽力向前推顶，谁能越过"界河"，谁就是胜利者。这些竞赛活动，既是游戏，又是体育；既有力量的较量，又有意志的考验。有时也有罚饮酒或喝清水的。如果被罚者仍不服输，在受罚之后可以再重新比赛。

踩高跷原是京族的一种浅海捕鱼方式，这是生产工具落后的情况下渔民出海捕鱼的一种谋生本领。踩高跷时，手中还拿着长木制作的捕鱼工具，走到海水漫过膝盖以上再把手中的捕鱼工具打开来，边走边推装鱼的鱼篓，然后踩着高跷把鱼篓收拢拖上岸。随着生产方式不断进步，现在京族聚居区踩高跷捕鱼已逐渐被其他方式所取代，如今人们已经很少看到人行水上如鱼鹰般捕鱼的景象了。京岛一带目前只有六七十岁以上的老人才会踩高跷捕鱼，年轻一代基本都不会了。现在，踩高跷已是哈节的一种娱乐表演形式，其不仅为当地京族群众带来可观的收入，也为游客们增添了不少乐趣，达到了宣传京族传统文化的目的。传统的踩高跷正在焕发出新的活力。

8　民间文艺

民间音乐

京族民间音乐有民歌、器乐、戏曲等。

民歌　京族民歌包括劳动歌曲、山歌（海歌）、风俗礼仪歌、儿歌（包括摇篮曲）、小调叙事说唱、舞歌等。它们反映了京族渔家的生产劳动、伦理道德等各个层面。民歌曲调丰富多彩，旋律明快，节奏规整，韵律独特。京族人民的生活中，几乎处处离不开民歌，婚丧嫁娶、喜庆节日，特别是在哈节中，更是歌舞不断。

京族民歌中数量最多和最有代表性的小调是"唱哈调""送新娘""棹船调""叮叮"等。（1）唱哈调：在哈节表演，曲调有多种类型，一定内容的唱词都有其固有的曲调，如《赏月歌》的基本歌腔以 sol、do、mi、sol 4 个音做和弦分解式进行，旋律中常出现向下属方向的转调。（2）送新娘：京族人民婚嫁时唱的风俗歌，内容多为感恩、惜别、告慰和伦理等。音调明朗、华彩、悠扬，常采用五声宫调式。（3）棹船调：常用于男女间的对唱和民间小戏唱段。基本歌腔由上、下句组成，下句是上句的下五度模仿，曲调以 sol 为主音。常用特征音型：贯穿全曲，如男女对唱《送郎打老番》，尽管唱词内容复杂，语言声调多变，装饰性乐汇也较多，但旋律进行仍以特征音型为核心。(4) 叮叮：以歌尾常用的固定衬词"叮叮"而得名，多在游戏、劳动和舞蹈时演唱。曲调活泼明快，节奏短促跳荡，旋律进行常强调四、五度跳进。

舞歌是哈节中表演的歌舞曲，曲调主要来自小调，但加强了节奏，因此更为明朗，富于弹性；旋律流畅，富于歌唱性。

此外，京族民间歌曲中有的曲调接近口语，多为以故事、童话为主要内容的叙事歌（如《渔家四季歌》），还有曲调简单、朴素、徐缓的摇篮歌、儿歌等。

器乐　器乐是相对于声乐而言，完全用乐器演奏而不用人声或人声处于附属地位的音乐。有些器乐曲也应用部分人声，一般没有歌词只是作为效果，如人声演奏的口哨、哼唱等，这些经常被加入器乐曲中以增加某些效果。乐器以独弦琴为主，也有吉弹、竹竿、竹梆、锣、鼓、钹等乐器。

独弦琴，京语称为"旦匏"，适于表现节奏舒展、旋律悠长的乐曲，尤擅长演奏回音、颤音、滑音等装饰音，传统曲目有《高山流水》《孤山寒影》《骑马》等。我国著名剧作家田汉曾参观京族三岛，听完独弦琴演奏后写下"织网林间亏女力，月下弹琴等郎求"的诗句。

吉弹，又名三弦，是三根弦的弹拨乐器，所奏之乐，多为唱哈的伴奏。

竹梆，是互击体鸣乐器。两根为一副，演奏时，奏者两手各执一根，举于胸前互击发音，音响清脆高亢，音色与响板接近。竹梆多用于歌舞伴奏，演唱者手执竹梆自击自唱，富有南国气息。

　　受京族语言、劳动生活和特色乐器的影响，京族音乐的基本特点是：曲体上以单乐段为主；曲调婉转缠绵，波音较多；旋律以级进、跳进、和弦分解、混合式为多见；在音阶调式上，以徵调式为多，宫、羽调式次之；节奏律动突出特点是短长节奏的运用，一短一长的节奏形成强拍变弱，弱拍变强的特殊关系；节拍比较多样，有混合节拍；在歌词结构上，上句六字、下句八字多见（即"六八体"），押六八韵是其独特形式；在唱法上，男歌手一般用真声，女歌手用真假声结合的唱法，行腔时喜用鼻音和轻声，余音较长。歌手们擅长模仿独弦琴的各种音色，巧妙地运用颤音、回音、波音和滑音，装饰润腔丰富多彩。

　　戏曲　京族有自己的传统戏曲，称为"嘲剧"。演员身着越式长袍，唱腔格调有一定的规律，是以唱哈曲艺为基础，吸收汉族粤剧唱腔和表演艺术形成的戏曲。其代表剧目主要有《阮文龙英勇杀敌》《等喜娘》《二度梅》等。嘲剧有唱词，也有道白，多使用二胡、笛子、锣、鼓、竹梆等伴奏，具有浓厚的民族风格。

民间舞蹈

　　和许多南方少数民族一样，由于民族性格含蓄，京族人在日常生活中是极少聚众舞蹈的。然而，在祭祀、娱神、为死者做道场等场合，他们则通过舞蹈来表达对鬼神的尊崇与敬畏。这刚好印证了艺术起源于巫术这一观点。

　　京族的传统舞蹈主要有进香舞、进酒舞、跳天灯、花棍舞、道场舞、摇船舞、纸马舞、采茶摸螺舞等。

进香舞顾名思义是给神灵上香时跳的舞蹈，一般在哈节第一晚表演开始之前跳。由三位身着白色礼服、黑色长裤、左手拿香的女舞者（称"哈妹"或"桃姑"），面向神台站成横排，一边唱进香歌，一边做"轮指绕香""三角步""圆场步"等舞蹈动作，前后穿插变换舞步。

进酒舞是在哈节迎神程序中所跳的舞蹈。由主祭人带头上前敬酒，几个女舞者随其后，在大鼓、小鼓、锣、钹的伴奏下起舞，主要动作为"轮指手花"和"轮指手组合"，表现祭祀人反复向神灵敬酒之意。

跳天灯是祈求海神保佑的舞蹈，分出海前的"跳天灯"和哈节上的"跳天灯"两种。出海前跳的天灯舞，有舞者，有与神灵沟通的"神人"，舞蹈过程更像占卜与解卦；而哈节上表演的"跳天灯"，是在哈节最后一晚表演，没有"神人"的参与，没有请神、占卜、解卦等过程，更多的是娱人。舞蹈由四个、六个或八个女子表演。舞者身穿白色长衫、黑色长裤，头顶一个瓷碗，碗里燃着三支蜡烛（也有把碗倒扣在头上，然后在碗底那个小小的边缘里面放上灯油再点上的），两手各拿一只杯子（或碟子），里边也燃着蜡烛，随着鼓点节奏的快慢一面手托蜡烛转动手腕，一面纵横交错地穿插，跳出各种图形。舞步有"圆场"步、十字花、并步等几种，双手在腹前上下绕圈，再由下而上分开，于肩旁侧静止，要求头顶之碗烛不可掉落。舞蹈动作集中在两臂和手腕部，上身挺拔、双膝微屈，脚跟落地时坚实，膝部颤动有力。整个舞队的圆场步犹若行云流水般地飘逸，而双双转动的手灯，似萤虫飞舞，流光四溢，使人目不暇接。舞蹈不仅要求舞者要有非常好的平衡能力，还要表现出舞姿的稳健流畅。整个舞蹈端庄优美，气氛肃穆。烛光与白色长衫相映，舞者的伸手投足，折射出京族民众对神灵的崇敬、虔诚和对生活的热爱。

花棍舞是在哈节送神时驱邪赶鬼所跳的一段舞蹈，由哈妹一人、二人或四人表演，舞者都穿白色长衫，表演时两手各拿一根长约一尺的木棍，木棍上缠着彩色花纸，先唱后舞。哈妹双手捧棍至腰前，两棍叠在一起，或双手各握一棍末端，棍在身前架成交叉形，或双棍在腰前交叉，一拍分开，一拍交叉，棍头向下；或左手持棍搭到右肩上，右手将棍放在腰间向外绕着转动，动作灵活变化。花棍舞以手腕绕花棍为主，动作变化较多，风格激越、明快、活泼。伴奏的鼓点越快，演员也越舞越快，花棍上下滚动，令人眼花缭乱。

道场舞是道场仪式进行到"开五方路"时跳的。由一位身披袈裟、头戴佛帽的道公，在锣、鼓、钹伴奏下，跑碎步，做前后参拜仪式，绕场三周后退场，表示请将领赴地狱，打开"五方"路。这时，另一位道公骑纸马，执马鞭，扮演将领，跑碎步绕场三周，表示为孝男孝女到地狱去搭救亡灵。接着又有一位道公扮将领的贤妻，手执火把，不断地按"8"字花跑碎步，将领随后紧跟，二人又绕场三周，表示贤妻为将领引路，共赴地狱。最后，三位道公扮小鬼出场，站成斜排挡住去路，与将领、贤妻相互过招几次之后，小鬼退下，表示地狱门已经被打开，救出了亡灵。紧接着一位道公扮演艄公，在前面拉纸船，另一位道公扮演船妇，在纸船后做划船动作，边唱边舞，绕场一周后退下，表示保护亡灵过河，早升天界。道公唱腔节奏明快，富于感情，舞步简练、粗犷。

如果说前面提到的几种舞蹈带有明显的宗教色彩，是宗教舞蹈、巫术舞蹈的典型代表的话，那么摇船舞、纸马舞、"采茶摸螺"等舞蹈则娱神的成分大大减弱、更多倾向于娱人。

摇船舞是在哈节表演期间上演的节目。由爷爷和孙女二人对舞，边舞边唱，一唱一答。爷爷劝孙女不要出海捕鱼，孙女则说女子如何能干，一定要去。最后爷爷被说服了，答应了孙女出海。京族传统分工为男子出海打鱼，女子在家操持。从内容上判断，有了男女平等思想的萌芽，说明该舞蹈产生的年代应该是近代。

纸马舞一般也是在哈节期间表演的，由男、女二人对舞，表现夫妻两人的依依惜别和相互鼓励。女人挑马草，送丈夫上战场，鼓励丈夫要英勇杀敌；男子则鼓励妻子在家照顾好老人和子女，然后骑上马打番鬼（指法国侵略者）。从内容上看，该舞蹈反映了19世纪末京族人民保家卫国、反击法国侵略者的决心。近年来，纸马舞多为群众性表演，不一定是按着情节来跳了。

"采茶摸螺"由多位桃姑表演。她们在音乐声的伴奏下，模拟采茶和捕捞螺蛳的动作，把人们的思绪忽而带到绿茵葱茏的茶林，忽而又引向碧波喧嚣的海边，分享摸螺捉虾的喜悦。整个表演像一首充满浓郁乡土气息的抒情诗，展现妇女们采茶、摸螺、搓线、穿针、缝补衣服的生产生活画面。舞者相互穿插变换队形和舞蹈动作，舞蹈欢快活泼，具有浓郁的生活气息。

采茶摸螺舞

京族舞蹈动作最多的是手腕的转动,其中"轮指绕香"和"转手翻花"最有特点。这些动作虽带有祭祀的目的,却来源于京族妇女"织网""修网""拉网"等日常劳动生活,或单手、或双手,变化纷繁多彩,表达了她们对大海的无限深切之情。动作柔和连绵,加上祭祀的内容和虔诚的感情,形成了柔美含蓄的舞蹈风格。而脚上的动作多为"踢沙步""拧沙步",也是海边生活的一种艺术表现。总的来说,京族舞蹈与宗教活动密切相关,原始色彩很浓,后期娱神驱鬼成分减弱进而发展为一些以娱人为主的舞蹈,具有强烈的生活气息。

民间文学

京族拥有自己独特的优秀民间文学。与其文化特点一致,京族民间文学以描述海洋和人类征服海洋的事迹为主要特征。文体格局主要包括叙事体的海岛传说、动植物故事、生活故事、幻想故事、民间寓言,韵文体的海歌、唱哈词、婚礼歌、情歌、民间叙事歌、生活苦歌、儿歌等。

京族人民对自己居住的海岛寄予了诚挚的情感和瑰丽的想象。叙事体的《三岛传说》和《京岛传说》中，京族人民对三岛的来历做了天真而神奇的解释，表达了他们战胜妖魔鬼怪和征服惊涛骇浪的坚定信念。

对生存环境中动植物的来历的解释，有灿烂瑰奇的海生动植物故事《白牛鱼的故事》《海白鳝和长颈鹤》《山榄探海》《海龙王开大会》《海龙王救墨鱼》等，洋溢着浓郁的海洋文化气息，表现了不同历史时期京族人民对自然的探索、认识和理解。

对爱情的讴歌是文学的又一永恒主题。《宋珍和陈菊花》等爱情故事，塑造了像陈菊花那样可敬可佩的形象，歌颂了忠贞的爱情，表达了人们对人世间一切美好事物的赞美和对封建礼教、丑恶事物的抨击。

京族人民还创造了浪漫而富有现实主义色彩的机智人物故事和世态人情故事，创造了像维吾尔族的"阿凡提"、壮族的"特堆"、侗族的"卜宽"那样机智勇敢的"计叔"。计叔用计，使贪得无厌的县官束手无策，使重利盘剥渔民的奸商得到应有的惩罚。"计叔"的故事充分表现了京族人民的智慧、敢于反抗封建统治者的斗争精神以及惩恶扬善的传统母题。

京族的《蟾蜍将军》《杜光辉的故事》《刘二打番鬼》等英雄故事，反映了京族人民保卫故土的诚挚之情，也教育了后代。《蟾蜍将军》是神话传说，采用浪漫主义的表现手法，极力夸张，突出一个"神"字。《杜光辉的故事》是历史故事，描写民族英雄杜光辉带领京、汉、壮、瑶等各族群众抵抗法国侵略军的事迹。该历史故事是由杜光辉的侄子杜玉富在 72 岁高龄时口述的"渔村抗暴""黄豆计""崖悬飞兵""孤排渡海"四个小故事组成。它采用了严格忠实于历史事实的现实主义表现手法，突出一个"奇"字，表现了杜光辉用兵如神，出奇制胜。

京族民间文学有些是由通晓"喃字"的人记录并整理成歌本加以保存和流传的，但由于文字没有得到大力普及，因此京族民间文学的又一个特点是口耳相传，流传至今。

韵文体的京族民间文学，具有鲜明的民族特色，多与歌唱艺术相结合，如海歌、唱哈词、婚礼歌、情歌、民间叙事歌、生活苦歌、儿歌等形式。它们大部分通过歌手们在生产、生活和节日中即兴创作和演唱得以流传。这些韵文体民歌有固定的曲调，约有 30 种。这些民歌，有用当地汉语演唱的，比较常见的是情歌。这些情歌从内容上反映了淳朴、健康的爱情观和审美观、离别相思之情及真诚严肃、坚贞不渝的爱情态度；在艺术上广泛借用白话口语、运用谐音双关和借物传情或一语多意、话中有话，或明张暗李、虚实相映，还大量运用通感、比兴等表现手法。情歌保留了较多的古汉语词汇和语法结构，这是京族文化深受汉族文化影响的结果，是京族人民为丰富、发展民族文化而对汉民族文化的吸收和消化。用京语演唱的民歌中，歌词多采用六言、八言，每两句为一个单元，上句六言，下句八言，押"六六腰韵"，即每一单元内，上句末字（第六字），与下句腰字（也是第六字）押韵；亦有押"八六脚韵"，即上一单元的下句末字（第八字）与下一单元的上句末字

（第六字）押韵，如此一环扣一环连接下去。若换段意，则可另起环链。

京族民间叙事诗有些是根据民间幻想故事改编而成，兼有叙事和抒情。代表作品《琴仙》叙唱龙宫内正义与邪恶两种势力相冲突的动人故事，带有浓郁的神话幻想色彩，成功地塑造了"琴仙"这一舍生忘死、为民除害的艺术形象。《刘平杨礼》与《宋珍和陈菊花》两部民间叙事诗分别赞颂了结义兄弟之间的情义和夫妻之间的忠贞爱情，故事情节生动感人，人物刻画细致入微。京族民间叙事长诗形成于短篇歌谣和民间故事等民间文学样式已经较为发达、彼此互渗的基础之上，其人物形象各具光彩，情节曲折，叙事抒情水乳交融，艺术品位较高，是京族人民艺术创造才能的充分表现。

京族民间文学的演进同时代的发展息息相关。1840 年鸦片战争之后，京族社会发生了巨大变化，各种矛盾冲突日益加深。《渔工苦歌》、《十难歌》、《杜光辉的传说》和以计叔为中心的一系列机智人物故事，从不同的侧面反映了纷繁复杂的近现代京族社会现实。

京族人民在创造本民族优秀文化的同时，也吸收了不少周边民族的丰富文化遗产。如汉族民间传说《梁山伯与祝英台》和《天仙配》，白居易的《琵琶行》，苏轼的名作《念奴娇·赤壁怀古》和《水调歌头·明月几时有》等，都被译成京语，用京族民歌曲调演唱，在京族地区广为流传，并逐渐京族化。许多文学作品是京、汉或京、壮文化交流的产物。如京族文学史上的重要作品《董永与刘姑娘》《米碎姐和糠妹》等，显然是受到了汉族《董永传说》等故事的深刻影响。此外，京族文学史上的珍品——《金仲与阿翘》，则是京汉文学交流、各种文体不断演化的结晶。它历经中国历史事件→中国史学家的史书记载（编年体和纪事本末体）→中国作家文学（汉语古文短篇小说→汉语话本短篇小说→汉语话本长篇小说）→越南作家文学（越语六八体叙事长诗）→京族民间长歌与故事（京语演唱、讲述和汉语粤方言讲述）的演变轨迹，成功地以徐海和王翠翘的故事为原型，讲述了他们悲欢离合的动人故事。京族民歌与民间故事，是京族民间口语文学家们用贫苦渔民的眼睛观察世界的反映，体现了中国京族贫苦渔民的世界观与美学境界。

京族人民所传承的民间文学，一方面呈现出作为中华民族一个成员所拥有的彼此相协调的价值观念、道德准则和审美崇尚；另一方面又具有鲜明的地方特色和民族特色。周边民族文化的相互影响发展，使京族民间文学呈现出独特的风格、绚丽的风采，在中国民间文学领域中占有一定的位置，同时也使中华民族民间文学更为绚丽多彩。历史上由于京族群众当中掌握书写符号的人不多，京族文学大多以口头文学的形式通过口耳得以流传，造就了京族发达的口传文学。口头讲述成为京族保存其文学及历史的最主要方式。这些口传文学，使京族人民的日常生活及其生活经验得以流传。

民间文艺的新发展

京族的民间音乐曾经有深厚的群众基础，人们通过各种音乐形式，或表情达意，或抒发胸臆，或娱神娱人。然而新中国成立后民间音乐逐渐衰微，除了一部分老人，熟悉民间音乐的人已经不多了。近年来随着京族民族自尊心、自豪感的增强，京族文化复兴意识的兴起等，京族民间音乐得到了保护、挖掘和发扬。传统音乐的创新，主要表现在民歌歌词的创编和新曲的谱写上。京族民歌中保留有大量祖先遗留下来的歌曲，包括京族的迁徙歌、京族哈节唱词和京族传统叙事歌等。在新时代背景下，人们以歌传情，以歌咏怀，一方面传承了世代流传的曲调，另一方面促进了反映现今生活的歌词不断涌现。有歌唱中国共产党的，如《美好生活全靠党》；有歌唱新生活的，如《美好生活人追求》《美景显现全村庄》《京族三岛变化大》等；有记录现代事件的，如《尊敬孝神我村民》《建设雄伟新哈亭》等。这些民歌虽然用的是老调子在唱，但已经是"旧瓶装新酒"，有了新的内涵。不少艺术家深入京族聚居区采风，写出了脍炙人口的歌曲。根据京族曲调谱写而成的新曲目，也获得了很大的成功。例如《渔村的早晨》，不仅绘声绘色地模拟了各种鸟鸣声，而且展现了渔民出海时男女对歌的情景，生动逼真地描绘了朝气蓬勃的渔村景象，显示了浓厚的民族特色和生活气息，给人们以新的艺术享受。《贫农妈妈热爱子弟兵》《海岛引来幸福泉》等歌曲，成功地把民族特色与时代特点结合起来，在祖国大江南北广为传唱；《拜海》《大海情深》《击战边陲》等独弦琴独奏曲风靡一时；《难忘今宵》红遍全国，传唱不衰。《我爱京岛》《拜海》《欢乐的哈节》《赶海》等更是由中国国际广播电台录音并向世界各地播放，《我爱京岛》载入了广西高级中学音乐教材。

20世纪八九十年代中越关系正常化后，京族与越南越族的文化交流比较频繁，不少京族群众购买了很多越南民歌的VCD和CD，闲暇时会放来欣赏和学唱，这在一定程度上促进了京族民间音乐的创作。京族人民通过民间歌谣等形式宣传党的方针、政策；自编了一些小戏，反映新时代的生活，曲调来自歌谣、小调和叙事歌等；一些群众自发组成"哈妹"（民间女歌手）培训班，老一代"哈妹"自费录制磁带向年轻人传授民族音乐；等等。2010年2月，第十四届CCTV青年歌手电视大奖赛（简称"青歌赛"）广西赛区选拔赛在广西电视台进行了复赛和决赛，来自广西的1000多名参赛选手参加了复赛、决赛的激烈角逐，其中，京族哈妹8人组合获得原生态唱法三等奖。同年4月，闯进青歌赛决赛。京族民间音乐呈现出欣欣向荣的景象。

京族民间舞蹈则是从传统娱神舞中提取相关元素并不断加以创新而来的，发展出了娱人气息更重、更具审美意味的舞花灯、舞花棍、花屐舞等。这是在原生态民族民间舞蹈风格的基础上，融入新鲜舞蹈元素，极具鲜明时代特色的舞蹈。这些舞蹈要传达的理念，就是将艺术本质回归于本体，回归于自然，折射出当代京族人民朴实、华彩的豪情及坚韧、执著的民族性格；是在继承原有京族舞蹈的语汇、动态精华的基础上，将现代的编舞理念与之融会贯通。变化的是发展了的动作语言，不变的是民族特色与文化内核。在典型动作循环往返的使用中，其幅度、力度、速度发生了很大变化，或叠加处理，显得张弛有致，使舞蹈形象更加立体丰富，突破了京族传统舞蹈重手部动作的局限，突出体现了新时代舞蹈"身韵审美"的特点。

为哈节文化服务而新编排的反映京族人民生产生活的舞蹈也非常有时代特色，多为表现人们祈求生活幸福、爱情圆满，讴歌美好心灵，鞭挞丑恶现状等内容。

新中国成立后的相当一段时间，口传文学仍是京族民族文学创作的主流，20世纪50年代至80年代，京族民间涌现出不少颇具才华的民间歌手，他们都能缘事而发，即兴编唱，歌唱丰富多彩的社会生活，有的歌手还能用喃字或汉字把这些歌曲记录下来。1980年以后，京族传统的民间文学得到了系统、全面的搜集、翻译、整理和出版，如《京族民间故事选》《京族民歌选》，还有其他许多作品被收进各种民间文学选本中。然而有一些作品内容由于不符合当时的主流价值和观念而被剔除、剪辑，不能不说是个遗憾。比如，原先京族民间故事讲述的是蜈蚣精被杀死之后尸断三段，化成三个小岛，头这截叫巫头岛，心这截叫山心岛，尾端这截叫沥尾岛。牙齿落在越南，成为茶古岛。但整理后的故事把茶古岛这部分删掉了，只保留了"蜈蚣精尸断三截化为京族三岛"的情节。20世纪90年代开始，京族一些文化精英也有意识地参与民间文学创作。他们中的一些人，创作了一些新民歌，主要有宣讲时事、歌颂党的富民政策等。它们给京族民间文学带来了时代气息，丰富了京族民间文学的内容。

9 科技与医药

科技

渔业是京族的传统产业，京族人民在长期的生产实践中，积累了丰富的民间渔业生产经验,其中蕴含的朴素的科学知识,形成了京族独特的民间科技。

风情、潮情和鱼情是直接关系到渔业生产的三大"行情"。渔民们既能比较准确地预测海上气候的变幻和潮水涨落的情况,也掌握了各种鱼类在不同的气候和风向下的游动规律。这些知识和经验很多都在他们创作的谣谚中反映了出来。

在航海技术不甚发达的时代,京族人民通过观察天象,总结出了许多海洋气候知识,并以谚语歌谣的方式广为流传。如"乌云接落日,不落今日落明日"(太阳落山时有乌云托住,今天不下雨明天也要下);"鱼鳞天,不雨也风颠"(一旦出现鱼鳞状的云彩,不下雨也会有大风暴);"古龙晒太阳,不久台风狂"(太阳下方有一条橙黄色的黄带,台风就快到了);"东边挂彩牌,白龙是禁界"(东面天空有彩虹出现,海上就会有风浪,这时候出海就不能超出白龙尾海域了);"无风海响,台风就到;秋后打雷,风从雷来;南风吹面热录录,台风三日追尾来;北风吹过早,肯定有台风;海面平静,台风不停"等。

京族人民还通过风向、阴晴等判断天气和气候。如"南风送大寒,二月米粮干"(大寒时刮南风,来年二月天气就会变得很冷,捕的鱼少,家中就要断炊)。"风情未转西,三天又回归"(如果刮大风,风向又长时间不向西转,那么三天之后一定有大风暴)。"朝北晚南半夜西,渔民出海不辛凄"(早晨刮北风、下午刮南风、半夜刮西风的时候,第二天的天气一定好,渔民出海捕鱼就不会辛苦、凄凉)。"无风海响,台风就到；秋后打雷，风从雷来；南风吹面热录录，台风三日追尾来；北风吹过早，肯定有台风；海面平静，台风不停。"又如"清明暗，山水不离圳"（清明那天如果是阴天，雨水则多，洪水经常涨满江河）。京族还可通过观察海潮的流向决定渔业生产，如"晴天海浪响向西，渔船扬帆向岸归；雨天海浪响向东，东海龙王把财送"。这些民间谚语是京族人民生产劳动经验的积累和总结，具有一定的科学价值。

京族人民还掌握了海水的涨落规律。在长期的海洋生产实践中，认识到北部湾海潮每月都有两次高潮，即在朔日（初一）、望日（十五）形成两次高潮（实际是推后两三天，即初三和十八）。当地人把海水的涨落周期称为"潮期"或"水期"。一个月有 2~3 个水期（农历三月和九月有 3 个水期，其余月份有 2 个水期），每个水期约 14 天。水期分两段，前 7 天为涨水期，称为"上流水"，每天涨潮后的水位都比前一天要高；后 7 天为退水期，每天涨潮后的水位都比前一天要低，称为"减流水"。根据这个规律，京族人民安排出行、在适当的水位安放各种渔具和网具等。

除了能准确地预测潮水的涨落和海上气候的变化规律，京族人对鱼群的洄游规律也掌握得很好。京族人将一年中的渔业季节分为旺季和淡季。农历二月至七月是旺季，其余的月份则是淡季。每年三、四月是不少鱼类的繁殖期，鱼儿会在这个季节选择水循环较好的海区聚群洄游到岸边、浅滩觅食、产卵。渔民们通过水面上出现的"黑群"和"红群"（深绿色的青鳞鱼和淡白色的白春仔鱼在海水游动时受阳光照射，在水面上呈现出黑色和红色，渔民称为"黑群"和"红群"）以及其他方面的征兆，就会很好地判断下网时间。渔箔捕鱼量的大小，也与是否把握了鱼群的洄游规律有关。渔箔的喇叭口正对着鱼儿退潮洄游的方向，这样的渔箔收获的鱼就多。因此在定置渔箔时要判断好地形和潮水回流的方向。渔箔如果能够定置在潮差大、流速急的沿海浅滩上，那是最好的。为了看准潮流、选好地形，有经验的渔民在搭建渔箔之前，都要反复进行踩点试漂。在退潮时，将一漂浮物放置到特定的海域任其漂流，以观察其漂移的方向、线路和速度，然后判断地形和定置的方向。只有经过试漂，选定了认为最好的地形和流向之后，放手定置的渔箔才有好收成。对于捕虾，京族人也有专门的知识和经验。捕虾时，用脚伸入水中探测虾群游动方向，然后以网捕捞，当探测出虾群往脚的两边游，则是虾群遇敌，须快速捕捞，否则虾即散去。

在近现代指南仪器出现之前，京族人对航向的把握主要依靠经验。天气好的白天，可见度高，渔民在浅海区捕鱼多半依靠对景定位的方法；在鱼汛期，夜间出海则靠星座来识别方向。人们最常用的还是测深定位法：将一个带长绳的铁钩放入海中，然后根据测得的水深和提取底质的相互对照来推测船的位置。

随着时代的进步，到20世纪90年代，京族渔业生产有了蓬勃的发展。各种现代科技已经得到了充分的利用。比如，每天天气预报的风向、温度，海水浪高，都非常精确；通过卫星云图就能知道近几天是否适宜出海捕捞；渔船上装有GPS卫星定位系统，出海不再迷航；声纳探测鱼群；等等。传统捕捞方式尽管仍在沿袭，但如今的京族无论是生产工具或作业方法，都大为改观。因此，不少民间科技只保留在民间谚语与歌谣里了。

医药

京族聚居区由于地理条件与内陆的不同，生长的植物在种类、种群方面与内陆也不大相同。赤红壤和滨海盐土（砂质）的土壤，造就了植物资源的多样性和古老性。据初步调查，京族三岛共有野生植物634种，其中有药用价值的植物396种，京族民间用药有24种。另据《广西民族药简编》记载，京族药27种，如臭牡丹、鸡矢藤等；《广西壮药新资源》则收载京族药30种。

京族人民较早就有利用草药治病的经验，特别是在对皮肤病、痢疾、痈疮肿毒等疾病的治疗上积累了较为丰富的用药经验。小驳骨、菝葜、海金沙等近50种草药已被京族民间广泛使用。

京族在民间医药上也体现出多民族文化相互融合的特色。中药、壮药等在京族民间用药中也有体现。与其他少数民族不同的是，由于濒临海边，有丰富的红树林资源，故京族有利用红树林植物治疗疾病的经验。京族三岛有12科16种真红树植物和半红树植物，即木榄、秋茄、老鼠簕、榄李、海漆、白骨壤、银叶树、海芒果、黄槿、杨叶肖槿、红海榄、桐花树、卤蕨、尖瓣卤蕨、水黄皮、钝叶臭黄荆，其中前10种有药用价值。京族人民使用最多的是老鼠簕，用老鼠簕煎汤或炖肉可治急慢性肝炎、肝脾肿大、神经痛、腰肌劳损等，外敷可治瘰疬，还可用于皮肤病的治疗。用木榄煎汤内服，可治腹泻、脾虚、肾虚；用秋茄的根煎汤内服，可治疗风湿性关节炎；白骨壤的叶捣烂外敷，可治脓肿；用银叶树的树皮煎汤内服，可治疗血尿，其种仁可作为滋补品。

滨海植物的药用价值以清热解毒、祛风湿等见长。鸡矢藤可祛风湿，还具消食、化痰止咳的功效。京族人民发现了一些常见、常用的有消炎和抗菌作用的药草。例如苏木有解血破瘀、消肿止痛的功效，治疗闭经痛经、产后瘀阻、胸腹刺痛、外伤肿痛；苏木片剂还用于治疗霍乱和肠炎；薄荷用于治疗感冒、咳嗽等。民间还普遍用紫苏属植物来消暑解热。

京族聚居区的民间医生、药农采用当地药源治疗常见病、多发病及疑难杂症的历史由来已久。尤其擅长运用草药内服、外洗、外敷治疗皮肤病、痈疮肿毒、蛇伤、痢疾等疾患，并在肿瘤、病毒性疾病及慢性疾病的防治上积累了丰富的经验。一些临床经验以手抄本的形式记载了下来，但这些祖传医书大多在"文革"时期被烧毁了。

新中国成立前，京族聚居区几乎没有严格意义上的医疗预防设施。人们有了病，大多求神拜佛或服用草药。天花、瘟疫流行。京族人喜吃腌制食品，食鱼、虾、蟹等海产品，饮用水又不洁，因此京族人患肝炎、食道癌、胃癌的现象比较常见。新中国成立后，在党和政府的关怀和大力支持下，京族群众的医疗卫生条件得到了快速提升，2000 年，京族预期寿命为77.58 岁，远高于全国平均水平。

由于历史原因，京族民间医药并没有形成较为系统的理论体系，而只有对疾病的粗浅认识和民间使用草药的原始简单方法。随着生态环境的恶化，原本一些富有鲜明特色的滨海植物物种日趋凋亡，再加上京族本土医药得不到重视，加上现代医疗技术的提高，因此民间从事医药的乡土医生越来越少，许多用药经验尚未得以挖掘就将面临失传的境地。最新的研究表明，生长在海岸带的药用植物具有抗肿瘤、抗菌、抗病毒、促进免疫等药理活性。京族人民使用最多的红树林物种是老鼠簕，但其活性成分和有效部位还没有得到深入和系统的研究。京族医药是京族人民在生活劳作及与疾病的斗争中，逐渐形成本民族的医药体系，拥有本民族的特色与优势。和其他民族医药一样，京族医药也为本民族的卫生与健康做出了巨大贡献，然而，有些民间积累的丰富宝贵的药物利用经验逐渐被遗忘，因此要加强抢救和管理工作。

2012 年，在防城港市卫生和计划生育委员会的统一领导下，启动了民间中医药京医药的挖掘整理工作。调研小组严格按照既定的时间进度及要求，有序地开展了田野式实地调查，走访民间医技人员，收集口碑资料、民族医药古籍及手抄本、验方等调研活动。调研小组先后深入东兴市"京族三岛"地区开展实地调研 35 次，向当地卫生机构、居民及民间医生等各类调研对象发放了 500 多份调查问卷，走访了多位民间医生，收集到《岁次甲子年孟夏立置同人书》《少林真传日时穴位妙诀妙用方剂》等古籍 6 种，手抄本 12 本，内科、外科、妇科、儿科等方面的经方验方 300 多个，药具及草药一批。防城港市中医院还围绕京族医药的调研主题，参与科技部"中医药古籍与方志的文献整理"课题1项，分别自主申报了广西中医药管理局及防城港市科技攻关课题各1项，在国家级期刊及核心期刊上发表专题论文2篇，编撰《京族医药》专著1部。《京族医药》是一部较为完整的介绍京族医药的专业书籍，主要阐述京族医药起源与发展、京族医药体系、京医药物学、京医临床经验、京医饮食调理、京族文化与医药等方面的专业知识，填补了京族医药历史记载的空白，对完善中国民族医药宝库、促进民族医药事业发展都具有非常重要的意义。

10 民族禁忌

禁忌本是古代人敬畏超自然力量或因为迷信观念而采取的消极防范措施，是人们为自身的功利目的而从心理上、言行上采取的自卫措施，是从鬼魂崇拜中产生的。它在古代社会生活中曾经起着与法律一样的规范与制约作用。到了今天，许多禁忌随着人们对被禁物的神秘感和迷信观念的消除，已经逐渐消亡，但仍有不少禁忌遗留下来了，并且影响着人们的生活。京族的禁忌主要有劳动禁忌和饮食禁忌两个方面。

劳动禁忌

京族的劳动禁忌主要同渔猎生活有关。由于生产力不发达，海上作业风险很大，为了保证出海安全，祈愿捕捞丰收，人们逐渐形成一系列严格的禁忌。诸如渔网放在海滩上，忌人从上面跨过；晾置不用的渔具，要在旁边挂上一团荆棘以驱魔

镇鬼；在缀织渔网时，忌有人问三道四。未经主人许可，旁人
不得随便触碰或使用渔具；新造而尚未入水的竹筏，忌人坐在
上面；结新网忌别人走近观看和讲话，否则此网将捕不到鱼；
渔箔里不许大小便。出海之前要在门外烧一堆火，将网从火上
边抬过，取意"兴旺"。新竹筏也要经过这个仪式才能下海使
用。特别是在新竹筏装成后，要在路上或海边堆以熊熊烈火，
然后把竹筏从火上扛越而过，才能正式下水使用。在搬东西的
时候，器物要拿起来，不可以拖着或推着移动，因有"搁浅"
之嫌。在船上移动灶具或网具时，必须用双手捧或二人抬，忌
单手拖。坐船忌双脚垂在船外或舱里。船头烧香敬神的地方不
能坐。在海上捕到第一网鱼时，必须将网中的几条大鱼扔回海
里，京族人认为这么做是积善行德，会得到海龙王的庇佑，将
来的收获才会得到持续。这些禁忌至今仍为渔家遵守。如果上
山打柴带米出门，忌讳让米粒掉落在地上，如果掉米粒在地
上，京族人认为上山就会出事。晚上不能在树林里吹口哨或唱
歌，否则会被鬼怪摄去灵魂。

有些禁忌与妇女有关。如一切网具，忌人在其上面跨
过，特别严忌妇女跨越；抬网出海，下第一网时，忌碰见
女人；拿鱼篮出门到渔箔去捕鱼时忌见女人；捞鱼、钓鱼
不准约妻子或有孕的女子一同去，否则鱼不上钩；出海人
忌入未出月子的产妇房内；稻谷开花时，妇女不能在稻田
旁水沟里洗衣、剥麻皮。这些禁忌的形成是与过去男子为
渔业生产的主要劳动力、妇女地位低下有关。新中国成立
后妇女也逐渐参加海上作业，这些专门针对妇女的禁忌也

就慢慢消失。

饮食禁忌

在渔家做客，好客的京族人会给客人敬献他们认为的美食，忌推脱或剩饭，否则被看作对主人诚意的不尊重。吃完饭后忌讳把饭碗反扣过来（尤其是在船上做客的时候），因为这被认为是"翻船"的凶兆。汤匙不能倒置碗中，也不可顺着碗边拖动，因为这些拖、倒的行为，是搁船、翻船的预兆。平时吃新米不能让人看见，吃新甘蔗和新玉米不能让别人分享。吃完晚饭点灯后，忌讳别人来借钱。初一、十五忌讳别人进门借火或借盐，因为这意味着自家的财运要被带走。在烹饪方面，忌鱼没烹熟，京族人认为这样会捕不到鱼。忌讳说饭烧焦了，因为"焦"与"礁"同音，怕触礁。在船上不要说"油"，把油称为"滑水"，因为"滑"有"顺当""顺溜""顺利"之义，而"油"与"游"同音，船破后人落水才要游。做菜不用煎炒的方法，因为煎炒意味着"无水头"，是出海无获的表示。

京族人忌吃狗肉。由于周边民族是吃狗肉的，而且整个岭南文化也是把狗肉视为美味，浸淫于这样的氛围中，京族已经有很多人吃狗肉了，但大家仍心有禁忌，因为家中安置有祖先神牌，一般人不敢在家吃狗肉，即使在外面吃了也要等狗肉的味道散完了才能回家。

随着经济文化的发展，这些禁忌有不少已经被破除。

四 民间信仰

1 宗教信仰

京族没有统一的宗教信仰，京族聚居区主要盛行的是一种杂糅了道教、佛教而形成的具有京族特色的民间信仰。京族人有崇拜祖先、崇拜自然、崇拜村神的传统，1949 年以前，各种形式的民间宗教活动一般不受限制，但 20 世纪 50 年代末的"破四旧"运动使这种传统受到极大冲击。在 60 年代和 70 年代，"无神论"思想和建设社会主义的劳动激情，占据着京族人的精神空间。80 年代以后，京族人的民间宗教活动逐渐恢复。

祖先崇拜是京族民间信仰的主要内容，儒家思想是其深厚的思想基础。在各村哈亭的"龙庭"两侧设有祭拜本村祖先的神台，分别是"左昭"和"右穆"，哈节期间，"左昭""右穆"的供品没有间断过。京族人家里也设祖先神台，人们拿糯米饭、猪肉、水果等供品到哈亭祭拜的同时也会留一份相同的祭品祭拜家里的祖先，祭拜时需念出祖先的名字。其他重大节日也要祭拜祖先。如端午节要用丰盛的菜肴祭拜祖先后才可以聚餐；中元节，人们用糯米饭、糯米糖粥、鸡、鸭、猪等祭拜祖先。对祖先的崇拜实际是在血缘基础上对人伦关系的关注，其实质是对血缘关系的崇拜。它在很大程度上支配着京族人民的精神生活，决定了京族人普遍重家族、重血缘亲情的文化心理以及习惯用家庭、家族中的各种秩序关系、血缘关系去认知、阐释并构建社会关系的家庭伦理社会化倾向，同时，也强化了京族人"报恩答义"的社会交际理念。

京族也崇拜多神，有的带有浓厚的自然崇拜色彩。京族人的自然崇拜主要表现为对海公、海婆，特别是对镇海大王的祭拜，他们认为镇海大王能保佑渔业丰收、出海平安。镇海大王庙设于江山半岛的白龙尾，京族人在每年农历二月和八月都要派村里的代表带供品到此祈福、还愿。镇海大王也是京族哈亭供奉的主要神灵，每年哈节京族人要到海边迎神，准备一头整猪进行大祭，并用猪肉、糯米饭、饮料、水果、饼干等进行小祭。京族男子每次出海，老人、妇女、孩子都要到海滩上送行，并举行一些祭海活动。京族民间的神灵崇拜，注重神灵对民俗生活的参与程度，并不在乎神的神位、神格和神权的高低。

京族人所信奉的道教属于"正一派"。京族的道教是不纯粹的，而是混杂了一些佛教和巫术的成分。从哈节及平时的道教仪式看，京族的道教与传统道教有所差别。他们没有系统的道教典籍，且"道"的观念也很淡薄。他们不以传统道教的道、经、师为"三宝"，而尊佛、法、僧为"三宝"；所诵经文，也是道、佛相杂。对高高在上的玉皇大帝，民间只承认其存在，却不作祭祀，而对保佑渔民出海平安的镇海大王以及救苦救难的观音菩萨却倍加崇奉。

京族信仰的神，按其供奉场所，可分为家神、庙神等民间神、哈亭诸神。

家神

主要指祖灵。民间相信祖宗有灵，各家厅堂的正壁上都设有神台，以供列宗祖灵。这种神台又称"祖公"，上写"○（姓）门堂上历代先远宗亲之位"。祖灵有固定的香炉，逢年过节、每月初一和十五、添丁、婚嫁等都要烧香供祭。民间称祖灵为"家神"，认为祖灵能庇佑子孙后代，有时还能以某种形式表其"神意"。

庙神等民间神

（1）灶君。民间把"灶君"看作玉皇大帝派驻各家监察凡人的"天神"。"灶君"的神位多供祭于厨房的灶头边，也有些人家是供于祖公棚上的。灶君供于灶边，每天做的食物，灶君都可随时"享用"，所以平时祭祀不再另行上供。只有在每年腊月二十三日才专门供奉灶君。因为这天是灶君返天庭向玉皇"禀报"的日子。到了除夕，再烧香迎接灶君回来。其间，人们说话做事可以无拘无束，俗称"顺顺利利百无禁忌"。不过随着现代生活方式的引入，京族家庭大多数已经转用煤气了，不烧柴就不用祭灶了。当京族人家里转用煤气的时候，家里人会选吉日，请法师来作法送"灶君"出去（寓意"上天去，不再回来"），祭品包括猪肉一块（三牲）、米饭三碗、纸钱、蜡烛等。作法时上香、看阴阳杯珓，作法后才能把灶头拆除，同时拆掉灶君神位，这叫作"打破灶头"，表示以后不再祭灶了。

（2）天官、土地。京族人厅堂门前四五米的地坪上，有一座以砖或石头砌成的神台，高约一米，分上、下两层。上层为"天官"，神位上写有"天官赐福"，天官被奉为"福神"；下层是"土地"，神位上写有"本家土地"或"本家土神"，土地为家宅"保护神"。

（3）观音、三婆。民间认为，观音菩萨是大慈大悲、救苦救难和送子造福的具有很大法力的神。"三婆"是指观音、柳杏公主和德昭婆。京族地区供奉观音的寺庙有巫头岛的"灵光禅寺"和沥尾、山心、红坎、竹山等村的"三婆庙"。

巫头岛灵光禅寺内，观音被奉为"观音老母"。寺内保存着一口铁钟，上刻《灵山寺钟记》，有"景兴四十二年岁次辛丑四月癸巳初九日壬子建立"字样（景兴为越南黎朝显宗黎维祧的年号，景兴四十二年，辛丑年，即清乾隆四十六年，公元1781年）。铭文内容有助于研究京族迁入之初的相关历史，是非常难得的文物。

山心村的三婆庙供奉观音、柳杏公主和德昭婆，已有数百年的历史。"三婆"的主神是观音，人们在每年的农历二月十九、六月十九和九月十九三个"观音诞"的日子都会备各种供品到"三婆庙"祭拜，求子求福。

竹山村的三婆庙则供奉妈祖，始建于清光绪二年（1876），是当地居民祈祷出海平安、六畜兴旺而集资兴建的。

山心村三婆庙

庙宇中所用的木材及屋脊顶上雕刻的图文和人物等瓷制品，都是由建筑师绘制好图纸，从越南按设计制成后运回安装。整座庙坐北向南，庙宇飞檐高翘，红墙绿瓦，雕龙画凤，是一座具有中国传统宗教庙宇特色的古式建筑。庙堂历经数次修建，墙上依稀可见道光年间留下的痕迹。右边的墙根下，有块石碑，有"光绪二十二年"等字样，这大概是三婆庙又一次重修的记载。三婆庙虽然饱经岁月沧桑，但其雕梁画栋间还可隐约看出它昔日的辉煌。

（4）伏波将军。京族信仰伏波将军，伏波即东汉名将马援，他不仅为巩固边疆、安定国家立下赫赫战功，还为促进中国岭南地区经济、社会和文化的发展做出了突出的贡献。在马援南征途经的中国岭南沿海地域甚至越南的一些地区，人们为其建立庙堂（伏波庙）加以供奉。从有关的史料来看，至少从唐代开始，就有伏波庙在上述地区兴建。京族聚居的防城港和东兴一带是中国伏波信仰最浓厚的地区，其中最典型的是东兴市江平镇京族人聚居的红坎村伏波庙。该庙具体建造年代不详。每年的正月十五夜晚，全村人在长者的带领下，摆出各种供品，击鼓打锣，举行十分繁复的仪式来拜祭伏波将军。当地人认为"伏波"有事必应，非常灵验。在沥尾，伏波将军则是在哈亭里供奉的，属于哈亭神。

（5）田头公。田头公即田间保护神。

（6）海公、海婆。京族把大海视为"神灵"，在船头设"海公"和"海婆"的神位，每次出海都焚香祷告。每年腊月二十日至二十八日，同伙作业的"网丁"聚集在一起，由"网头"主持"做年晚福"仪式，祈求海公、海婆保佑来年生产丰收顺利。

（7）佛、十殿阎王、羽林大神、金刚大神和至德尊神。它们是京族在丧礼中"做功德"时所供奉的神。

（8）杜光辉。清末抗法民族英雄，率领京族人民参加刘永福抗法黑旗军。沥尾村杜姓降生童奉他为"祖师神"，神诞为农历四月十四日。

哈亭诸神

哈亭诸神和京族民俗生活关系密切，京族三岛都建有哈亭。哈亭是京族人供奉"村社保护神"的场所，也是哈节祭神、唱哈（唱歌）娱神的地方。其中沥尾的哈亭是 2002 年重建的，高 9.8 米，建筑面积 1100 平方米，占地面积 5000 平方米，是全世界最大的哈亭。山心村的哈亭保留了一部分原貌。

由于文献记载缺乏，其建立时间不详，但据民间传说，19 世纪初，一对刘姓父子捐资修建了山心村哈亭。他们跋山涉水到越南涂山，将兴道大王的香骨移接到山心村哈亭。京族人为了纪念他俩的功德，尊奉他俩为"后神"。

哈亭正殿供案上设置诸神神位，但各个地方所奉供的神仙有所差异。沥尾、巫头两地的哈亭，供奉的是镇海大王、高山大王、广达大王、安灵大王和兴道大王，合称"五灵官"，其中以镇海大王为主神，其余四位是副神。山心村哈亭供奉的主神是兴道大王，副神是镇海大王以及本境土地。

沥尾哈亭

镇海大王。全称为"白龙镇海大王"，是三岛的开辟神和海上保护神。镇海大王在哈亭中的神位平日只是虚设，每逢哈节，京族人才会到海边举行仪式，遥对大海那边的江山半岛的白龙尾的神庙方向，把它迎接回哈亭中享祭。

高山大王。亦称高山神，全称为"高山神邪太上等神"，是专管山林之神。高山大王的神位在哈亭中平日是虚设，在别处另有庙宇供奉，每逢哈节才被接到哈亭里祭祀。

兴道大王。全称为"陈朝上将敕封兴道大王"，亦称"陈朝上将"，即13世纪陈朝时期的大将陈国峻。因为他多次率军击退外族的入侵，战功显赫，被封为兴道大王。当地京族人把他和广达大王、安灵大王一起当作村寨保护神来供奉。

后神。在山心哈亭正坛神座左侧，还设有"后神"的神位，后神为山心京族刘廷宝、刘玉珑父子俩的合称。民间传说，19世纪初，刘氏父子捐资修建山心哈亭，跋山涉水到越南涂山，移接兴道大王的香骨来山心哈亭。京族人为了纪念他俩的功德，便尊奉他俩为"后神"。

"本村诸家先灵"。这也是山心村京族的习俗。村中各户的祖宗神位也设在哈亭里，同亭中诸圣神一起，共享众祭。

此外，还有广达大王、安灵大王。这些神灵除三婆和海婆外，其他均为男性，男神为主位，女神辅之。

除了道教、祖先崇拜、村神崇拜、自然崇拜外，还有一部分京族人信仰天主教。江平、恒望、竹山等地建有天主教堂，属北海教区指导，有司铎、修女在此主持教务。京族信徒戴十字架项链，家中悬挂圣母圣婴画像，遵从教习，遵守教规，按照教规进行祈祷和弥撒，结婚时按天主教的教规举行仪式。教徒家庭通常是一人信教，全家信教。早在17世纪，天主教就在东兴一带活动。现在，在东兴市的辖区内，保存完好的天主教堂有三个：竹山天主堂（原三德天主堂）、罗浮天主堂和江平天主堂（原恒望天主堂）。

　　竹山天主堂所在的竹山村是一个汉、壮、京等民族杂居的村落。1849年（又一说1850年），法国传教士包文华从北海来到该村，建立了三德天主堂。1852年下半年，北海主教府又派一名姓颜的教士到三德天主堂开展教务活动。颜教士把三德天主堂扩建至300平方米左右，又修建了一座100平方米的修女院，后来还出现了学校，以读经书为主。"文革"期间，天主堂原有的一切房产均被破坏，成了一片空地。1984年，竹山恢复天主教活动，1986年原防城县人民政府批准，允许竹山天主堂开放，并拨2万元作为重建教堂的资金，加上本堂教徒的捐款，在原有的空地上重建了一座120平方米的钢筋水泥结构的圣殿。

竹山天主堂

　　罗浮天主堂属于防城港市文物保护单位，位于东兴市区罗浮河畔的楠木山村，距市中心2公里，掩映在一片葱郁的竹林中。它始建于1832年，1851年法国传教士富千德接管后，进行了较大规模的扩建，除把大教堂建成华丽典雅的哥特式建筑外，还建有钟楼、育婴堂（收养弃婴）、仁爱堂（修女住处）、纺织堂、圣堂、运动场、男校、女校、花园等设施，占地10447平方米。"大跃进"时期，钟楼的铜钟被摘下来炼钢，没有钟声的教堂随之关闭。1983年，罗浮天主堂重新恢复活动，重修后的大教堂多了一副楹联："无始无终，先作形声真主宰；宣仁宣义，聿昭拯济大权衡"。由于历经岁月久远，如今的罗浮天主堂只剩490平方米的大礼堂和25平方米的钟楼了。钟楼是目前保存最完整的建筑物，长约5米，宽4米，高12米，呈五层结构，内外饰有彩色图案，钟楼顶端悬着一口大铜钟。钟楼的一侧紧挨着一组台阶，能攀上钟楼的第二层，为平时做圣事敲钟所用。大礼堂原名"圣堂"，主体高8米，长25米，宽20米，外表呈四方形结构。圣堂由前、左、右三方共14根圆柱包围，正门有5个拱门，共有4个消音孔，四周有精巧秀美的花窗。拱门正上方有一个直径约1.6米的色彩鲜艳、图案精美的八卦图，顶端是天主教的十字架。教堂整体建筑结构布置合理紧凑，线条简单大方，功能齐全，宽敞坚固，气势磅礴，呈现典雅庄重之风格。2009年，广西壮族自治区人民政府核定、自治区文化厅确定第六批自治区文物保护单位（共计79处），罗浮天主堂名列其中。

江平天主堂，旧称恒望天主堂，坐落于东兴市江平镇恒望村，距市区5公里。恒望村是汉、壮、京三族杂居的地方，其中京族占80%。1854年上半年，一姓郑的法国传教士到江平石

罗浮天主堂

角居住，后搬到江平街居住传教，后又移到江平恒望村，建立了一间小教堂。1925 年下半年，法国传教士劳克勤接管教会，把旧的教堂扩建至 540 平方米，可容纳 700 人活动，并建有教士居室、修女院、学校等，共 9000 平方米。经历次政治运动破坏，除礼拜堂保留原貌外，其余房屋已崩塌。1984 年恢复活动，并重新修教堂钟楼，增建神甫居室 1 间。1999 年恒望天主堂改称为江平天主堂，属东兴市重点文物保护单位。

京族的宗教信仰总的来说呈现多元格局。京族所处的地理位置为西方外来文化的传入提供了生存土壤，各种文化交融使京族文化具有多元性。京族宗教信仰体系还体现了国际文化的融合与多元化。除了海洋神灵，京族还供奉其他自然神灵，包括掌管山林的"高山大王"、土地神等。受道教影响，其还供

江平天主堂

奉玉皇大帝、天官、灶神等神灵。祖灵崇拜和英雄崇拜也是京族信仰体系中重要的一部分。哈亭就设有祖姓的牌位，和汉族一样，清明节与中元节祭祀祖先。杜光辉、苏光清这些民族英雄也成为京族供奉的对象。南征的汉族将领——伏波将军，也是京族神灵体系中的一分子。带有道教"正一派"特色的"师傅"成为京族重要的宗教仪式专家，主持京族各种习俗仪式。佛教在京族中也有影响，这从京族传统叙事歌——《青提婆传》可见一斑：《青提婆传》和佛教盂兰盆会传说《目莲救母》同出一辙。

京族民间信仰的多元性，还体现在善于将外来神灵进行改造，将"他文化"改造为"我文化"。上文提到的镇海大王，其实最初源于汉族镇海大王的传说。京族将其纳入自己的信仰体系，还将其奉为主神。妈祖信仰在中国广为传播，由福建、广东等外来移民作为文化传播载体，妈祖信仰也在广西沿江沿海广为流布。在广西一些地区（北海、钦州），天后信仰还衍生出与其相关的神灵信仰，如"三婆婆"。"三婆婆"实际上就是妈祖。京族人也奉"三婆"，同样主管生育，由于受中国佛教文化及越南母道教文化的影响，"三婆"妈祖的身份被"观音、柳杏公主、德昭婆"所替代，具有宗教融合的象征性。各种宗教信仰文化因素相互影响、融合，其习俗规约着京族人的行为，世代传承，成为京族宗教信仰文化的主要组成部分。

2　宗教禁忌

京族人的万物有灵观念已根深蒂固，尤其崇拜海神、船神、风神、树神等。这些观念在禁忌中表现为，新渔网使用之前，必先到海边祭神，祈求海神保佑下海平安、丰收；如果海产失收，则要备上祭品到海边拜祭；平时人们不得在红树林中放牧、挖蟹，找泥丁时不得伤害红树林的树根，连枯死的树枝也不能捡来当柴烧，违反者不但受到惩罚，还要遭到人们的歧视；不得随意砍伐森林，违者要视情节轻重处以罚款或负担劳役等惩罚。

道教的一些禁忌对京族人有深刻的影响。建房时要恪守占卜择日的禁忌。不但注重房基的选择，在奠基和其后的一些工序中，也必须按择定的吉日进行。京族人认为凡是不按照禁忌和规矩修建的房屋，人居住后要家破人亡，非常不吉利，有"宁置败家田，不住败家屋"的说法。建房时，还会请"师傅"看风水，而且必须使灶门口与屋门的方向一致，认为这样利于出海或耕作。

京族禁吃狗肉与祖先崇拜有关。京族人认为吃了狗肉死后灵魂不被祖先收留，不能认祖归宗。他们还认为祖先带有兵马，而狗肉驱神驱鬼，如果把狗肉或者狗肉的味道带回家，就等于冲犯祖先，甚至把家里的祖先神灵和祖先的兵马赶走。近年来京族人忌吃狗肉的习俗已经出现动摇，但如果是宗教从业者，绝对是不能吃狗肉的，人们认为这样会导致做法事不灵验。

京族的佛教徒和天主教徒，则各自遵从所信仰的宗教戒律，在此不再赘述。

随着京族社会文化的进步和发展，京族的宗教禁忌也在发生变化，其中一些已经不像从前那么严格，有些甚至已消失。

3　预测与占卜①

过去京族人由于生产力水平的落后，对未来难以预测，因此在生活的很多领域，如出海、决定重大事件等，都要请来法师和降生童，用"杯珓"占卜神意。

"杯珓"不是京族独有的。它作为占卜用具历史悠久，在汉文文献中亦作"梧筶""盃珓"。"杯珓"类似动物肾脏状，由两片光滑的小蚌壳组成，蚌壳以一根小红绒线相连缀，可以合拢。有的以竹或木仿蚌壳修制而成，还有的是用铜或锡铸成的。法师进行占卜时，双手将杯珓合捧于胸前，低念咒语，将所要占卜的事情告诉神灵，然后将杯珓轻轻抛于台上或地面。如两片蚌壳皆向下倒伏，则为"阴"卦，属"凶"，如两片皆向上仰，便为"阳"卦，属"吉"，如一仰一伏，便为"大吉大利"，是最上乘的"阴阳卦"，俗称"胜珓"。占卜重大事情，要连续抛杯珓三轮，如三轮都得"胜珓"，便认为是"一切顺利，万事大吉"。

如在哈节迎神中，占获胜珓，便是神已降临。如为海难者招魂，占得胜珓，便是魂已招归。如果占得了凶卦，法师要继续念经再抛，直到取得胜珓为止。

因大海变幻莫测，京族视之为神灵，在船头设"海公"

---

① 以下内容为京族自古以来形成的一种民间占卜形式，现仅作为民族特有内容进行介绍。

和"海婆"的神位，男子每次出海，老人、妇女、孩子都要到海滩上送行，焚香祷告，并举行一些祭海活动，祈求出行平安。同时，还要进行"问答天灯"的巫术占卜，预测此次出海的凶吉。

所谓"问答天灯"就是神明回答人们提出的问题。这样的占卜术一定会有一个人担当"神人"的角色，任务就是把人们的问题还有愿望告诉神明，起到一个沟通的作用。还有若干个舞娘扮演回答神明问题以及感谢神明的角色。进行占卜的时候，先设好神台，桌面上摆设好供品，然后由"神人"请神，恭恭敬敬地把神请到供台前，请神明享受供品。神人会把人们的问题收集上来，编到一套固定的咒文当中，接着就会与神明进行对话，这个对话的过程被称为"喃咒"，待咒"喃"完就是抛占的过程。这个过程各个地方有所不同，最普遍的做法是神人会拿出"杯珓"进行占卜。神人抛出杯珓，按照杯珓呈现的不同状态判断所问事情的答案。舞娘则要在得到答案后对神明进行谢礼。如果是"凶"，表示会有翻船的情况发生，于是舞娘们就要跳起"安海舞"。舞娘们在头顶上倒扣一个碗，然后在碗底那个小小的边缘里面放上灯油点上。两手分别拿上一个平常用的小碟，上面也点上蜡烛。她们会尽量地保持手的平稳，寓意海面的平稳。还会跪在地上，将灯放在地上，这个部分表现的就是希望神明能够看到她们诚心的祷告，保佑海面能够安稳，不要出现波动，希望在外的家人都能平安地归来。神人这个时候也会随着舞娘的舞蹈继续进行"喃道"，在舞娘娱神的过程中劝说神明帮助京族人们安海。舞娘们让手上的蜡灯绕着自己的头转一圈，表示神灯绕自己一圈，将光明照在自己的身上。希望能得到神明的祝福。

如果"杯珓"显示"吉"，说明此次出海会十分顺畅。寓意着会风调雨顺，心想事成，好运常伴。舞娘们就要跳起感谢神明的"还愿舞"。舞娘在舞蹈中要尽量地在保持平衡的状态下表现出高兴的样子，也会跪下来感谢神明，最重要的就是一定要把灯放在自己的额头前，这个动作在京族舞蹈里表示的意思就是心情非常愉快。

问答天灯的最后，由神人把神明送走，整个过程便结束。仪式结束后渔民才可以出海。

除了"杯珓"，一些地方的京族还流行用鸡爪来占卜。在山心村，每年农历正月二十，村老们在祭拜活动中常通过鸡爪来占卜村中该年的年景。把公鸡宰杀后取其两爪（忌用黑骨鸡），置入沸水中煮数分钟，捞起放入冷水中浸一浸，再放入沸水中煮。如是反复几次后捞出，用细线将鸡爪悬挂起来，便可视其形状和颜色来推断年景好坏。如果鸡爪弯曲紧抱，色泽金黄泛亮，是为吉；如果鸡爪松开，颜色发黑，则为凶。据说村中看鸡爪的人有时也看得不很准，得请外村懂此法的京族人一同查看，以定村中年景好坏，找寻禳解之法。鸡骨占卜是一种古老的占卜术，在古代楚文化、百越文化中多有它的影子，汉代史书就有关于越巫"鸡卜"的记载。唐代柳宗元在柳州为官时，亲眼看到当地用鸡骨头占卜年成的情形，写有"鸡骨占年拜鬼神"的诗句。宋代周去非

《岭外代答》记云："南人以鸡卜，其法以小雄鸡未孳尾者，执其两足，焚香祷所占而扑杀之……俾两腿骨相背于竹梃之端，执梃再祷。左骨为侬，侬者我也；右骨为人，人者所占之事也。乃视两骨之侧所有细窍，以细竹梃长寸余者，遍插之；或斜或直，或正或偏，各随其斜直正偏而定吉凶。"由此可见京族鸡骨占卜与周边民族文化的渊源关系。

五　族际往来

京族与外族的族际往来，以 1949 年为界。在此之前的族际关系，因为剥削制度、阶级因素、历史遗留问题等原因，呈现出较为复杂的状况；1949 年后，随着民族平等、民族团结、各民族共同繁荣政策的实施，京族与周边民族的往来更频繁了，关系更为融洽、和谐。

1　与汉族的交往

京族来到现今的聚居地之初，由于海水阻隔，与大陆上的汉族接触是非常少的。京族人以近海捕捞作为主要生产方式，他们打到鱼后，就会拿到江平集市卖，交换一些粮食和生活用品，与汉族人民产生有限的接触关系。京族人后来逐渐到滨海一些村镇定居，和汉族的交往随之多了起来。京族人种植水稻是向汉族学来的，后来还从汉族学到了煮盐技术，而汉族也从京族学到了渔业生产的不少经验。这是京、汉两族人民友好互助的见证。

因为民族间的经济生产方式是互补的，因此，京族与汉族交往存在互利互惠。因为江平集镇、东兴集镇的商贸比较发达，京族与这一带的汉族人的商贸交往也很密切。清末，不仅有广东、福建和越南的商人来到东兴与京族人做生意，也有不少京族人到东兴从事商业活动，做小商贩。正是从集贸市场的讨价还价开始，京族人当中出现了不少京-汉双语人。抗日战争胜利后，有的京族商贩在江平镇购置房屋经营小本生意。如当时江平镇有5家经营鱼汁的商店，其中4家就是由京族人经营的。京族人的双语使用情况更加常见。

在面临外敌入侵的情况下，京、汉两族人民往往团结起来共同战斗。如19世纪末法国人侵，京族人民和汉族人民一起参加了刘永福领导的黑旗军，转战边疆；1915年，巫头京族裴六和东兴汉族覃鉴西等，组织了一只京汉人民志愿军支援越南人民，反抗法国侵略者。在共同的战斗中是不分民族的。在国民革命、抗日战争和解放战争期间，共产党人倡议并实行民族平等、反对大汉族主义的政策，深得民心，不少汉族、壮族、京族人民直接参加了防城（今广西防城港市境内）起义、镇南关（今广西凭祥市友谊关）起义、钦廉（钦州和廉州，现广西北海市境内）起义等，很多人还献出了宝贵的生命。共产党领导各族群众在防城、江平一带进行革命斗争，京族人民与共产党游击队、工作组密切配合，反抗官僚恶霸，从而与共产党政府、汉族同胞种下合作谅解的种子。

新中国成立后，由于铲除了产生民族压迫的物质基础，民族间的关系基本上变为各民族劳动人民之间的关系。各民族在中国共产党的领导下，已经在根本利益一致的基础上，形成了团结、平等、互助的社会主义民族关系。20 世纪 70 年代后，随着京族经济地位的改善、现代化进程的推进、民族平等政策的进一步落实等，京族人民族自尊、自豪意识得以提升，京族、汉族之间实现了真正的平等。京汉民族在共同开启多面向、多层次的互动与交往之门后逐步走上包容与欣赏的相处之道。

2 与壮族的交往

由于京族地区的商品销售渠道不畅，1949 年以前京族地区渔业产品的销售价格较为低廉。因此京族人的经济收入普遍较低。大部分京族人聚居的村庄由于土地贫瘠，粮食作物不能自给，只能从集市买入，集市米价往往比较高，而居住在山区的壮、瑶等同胞，由于交通不便，自产农产品中缺乏鱼虾、海盐等海产品，这和京族的经济生活形成了互补。一些京族渔民肩挑海产品，游走于附近山区的大小村庄之间，以咸鱼干等换取山民的大米和木薯干。由于同样缺少现钱，在部分京族渔民与当地山区农村的壮、瑶族村民之间，逐渐形成了一种以鱼产品换取粮食的以货易货的形式。这种只求获取所需而没有过多赢利目的的商品交换形式，不仅使当地农民和渔民能够各取所需，同时也免去了以货币作为流通工具所带来的种种不便，密切了京族人与山区壮族、瑶族的商贸往来。

由于路途遥远，山区的人家又多穷困，京族人以鱼换米的期待时常因为没有稳固的保障而难以兑现，更由于卖鱼的人又多以小孩、妇女为主，出于安全的考虑，多数人家往往愿意选择自己熟悉的村寨作为以鱼换米的地方。由于交易地点相对较为稳定，一些京族人家为了方便来往，便与山区农村的壮族、瑶族村民结成"亲戚"，当地人称为"认亲戚"。这种以"亲戚"为媒介、以以货易货为主要形式的"贸易联盟"使鱼和米的互换得以实现与持续。京族由于居住地受限，缺乏一些中草药，而这些在壮族居住的地带是非常丰富的。京族群众经常委托从山里出来赶集的壮族"亲戚"带来中草药煲水煎药喝。

20 世纪 70 年代京族三岛"围海造田"成功以后，京族地区的粮食生产基本实现了自给，由于国家同时还给予京族人一些民族优惠政策，京族人的粮食问题逐渐得到解决，往来山区农村卖鱼的京族人不断减少，"认亲戚"的人家也不如以前。不过，那些曾经认过的"亲戚"，有不少人家直到如今仍有来往。

在竹山等地，京族与壮族杂居，京族人都会说壮话。京族、壮族人民和睦相处，面临外敌入侵时也都团结一致，同仇敌忾。19 世纪七八十年代，壮、京等边民组成的黑旗军开赴越南，与法国殖民者展开殊死搏斗，在战争中结下了深厚的兄弟情谊。

3 与越族的交往

由于同宗同源，京族与越族的往来从未间断过，往来也较为频繁。

京族有与越南进行经济交往的传统，与越族的商贸关系较为密切。在自然经济占主导地位的年代，商贸活动主要是互通有无的以物易物方式。到了商品经济活动较为频繁的清末，有的京族小商贩还利用他们的优势经常跑到越南经商，但人数不多。1949年以前，沥尾、巫头等地就有不少京族村民到越南芒街等地经商。20世纪50~60年代，虽然国内政策对边境贸易多有限制，但京族和越族边民之间的贸易往来仍然没有中断。即使在1979年以来中越关系严重恶化期间，京族地区也仍然有人到越南边境地区贩卖商品，越南边民也冒着生命危险定期来到中越边境交换生产生活必需品，形成了自发意义上的民间贸易场所——草皮街。1989年，中越边境贸易重新恢复，由于京族与越族同宗同源的关系，京族人成为边境贸易的最大受益者。京族人发挥精通越语的优势，充当边贸经纪人、中介人。与越南越族人的边境贸易成了京族人的龙头从业项目。除了充当翻译和中介，京族人还从越南采购国内所需商品运回国内销售，又将越南市场需求的商品，通过陆路、水路运到越南销售，直接加入了边境贸易的行列。随着中国-东盟自由贸易区建设的全面启动，中越两国共同打造的"两廊一圈"战略性举措的施行，京族与越族的商贸往来，已不再限于邻近周边一带，而是拓展到了整个东南亚，在广度和深度上，都达到了历史最高。

京族人与越族人的密切联系不仅限于商贸往来。1886年，越南人民奋起反抗入侵的法国殖民者，后来遭到法国殖民者的武力镇压，其间有部分越南边民涌向中国边境东兴一带，京族人民热情地接纳了他们。中法勘界后，虽然生活在不同的国家，但不少人有血亲或姻亲关系，双方的村寨一般只相隔几里的水路。节日喜庆丧葬，京族和越族群众互相走访，或祝贺或帮忙。京族地区出现私塾后，师资非常不稳定，京族有时也从越族那边聘请塾师。

在越南人民的抗法和抗美斗争时期，为了支援越南人民抗美斗争，中国于1968年在靠近越南的防城港建设战备港口，作为中越海上运输航线的起运港，向越南转运援越物资，当时这条航线被誉为"海上胡志明小道"。越族边民到中国边境避难，当地政府和群众均慷慨解囊相助，尤其是京族群众，热情地接待了这些难民。就算在中越关系陷入低谷的20世纪七八十年代，由于很多京族人与越族人有亲属关系，因此民间的往来从未中断过。1985年，中越关系开始破冰，1989年中国对越开放，1991年中越关系正常化。两国的边民交往日趋密切，京族与越族的交往日渐扩展，不仅到邻近的越南芒街，还远到海防、河内、胡志明市等城市。

中国京族在历史发展过程中不少文化传统遭到破坏，因此在新一轮的民族文化重构的浪潮中，不得不转向越族寻求民族文化传统。比如，20世纪80年代"哈节"断绝了20年后重新恢复，因各种程序与典籍几近消失，长老们不得不到邻近的越南沿海一带抄经书、重新学习"哈节"的一整套流程。

总之，现今京族与周边民族的关系是和谐的，宽松、平

和、友爱、互助的族际关系，将对社会的全面进步提供良好的
发展环境。

4　文化互动

民族接触、民族交往带来民族文化的相互影响。各民族文
化在碰撞中不断进行自我调适，不同程度地出现了文化涵化的
现象，主要表现在衣食住行、语言文字、民间文学、文化习俗
及信仰崇拜几个方面。

衣食住行

进入近现代以来，京族服饰已经逐渐向主流社会靠拢了，
除了一些特殊场合，基本已无本民族服饰的影子。但 20 世纪
八九十年代以来，随着与越族文化交往的日益密切，京族也引
进了越南的女装礼服——"奥黛"（即长衫）。这种衣服有很
多中国旗袍的元素，但并不是受满族旗袍影响而产生的。19
世纪越南上层社会的女装，从颈部、腋下沿着肋骨开襟以便穿
脱，这就是奥黛的早期形式。19 世纪末、20 世纪初的法属时
代，越南一些年轻女孩开始进入法国人的学校读书，当时的奥
黛有了一些改进，既能符合她们知识文化上的优越感，同时又
能领导时尚风潮。我们现在看到的奥黛的基本形式，是 1938
年由当时越南的设计师在巴黎女装的启发下，进一步设计、改
良而来的。用丝绸制作的长袍，衩高，内穿长裤，行走时舒张
摆动，十分端庄优美。由于京族群众多为贫苦的渔民，这种造
价昂贵、流行于越南的礼服在彼时并未能进入京族社会。奥黛

的复兴和流行，是在 20 世纪 90 年代中越关系正常化、京族地区富裕起来之后。以前奥黛在中国国内较难买到，京族妇女大多通过亲戚朋友从越南购买或定制，是非常隆重的礼服。京族妇女平时一般不穿它，只有在重大场合和重要的节日（如"哈节"）时才穿。近些年来，制衣师傅们向越族妇女和归国华侨学习裁剪、制作奥黛的技术并加以改进，京族地区出现了奥黛作坊，京族妇女穿着奥黛的机会才多了起来。虽然奥黛传入历史不是很长，京族人着奥黛的机会也不多，但它已成了京族文化的一个符号。

"春卷"是春节期间京族人很喜欢的菜肴，春卷皮是用米皮做的，馅儿为猪肉末、红萝卜丝、苤蓝丝、蔬菜、蘑菇等（随口味），馅儿炒熟后用薄米皮包裹起来，最后将包好的春卷放入油锅中炸就可以了。据京族人回忆，这道菜是 20 世纪 70 年代才流行起来的，是从越族人那里学来的。中国京族春卷和越南春卷之别在于春卷皮和馅儿，中国春卷的馅儿是炒熟了才包，越南春卷包时馅儿是生的。自 1989 年起中越两国开始互通商贸，京越饮食文化有了更多的交流。

京族地区流行的一种薄皮的肠粉，最初也是从越南传入的，但传入之后，又吸收了周边汉族的肠粉食材用料，因此其颇受京族人及汉族人的喜爱。

扣肉是汉族名菜，如今也经常出现在京族饭桌上。哈节的乡饮、春节的"腊墓"聚餐、除夕聚餐、散年聚餐以及婚丧礼的宴席上，扣肉都是必不可少的菜肴之一。汉族的扣肉已经融入京族的饮食文化，成为京族饮食的一部分。

白糍粑是壮族特色食品之一，称为糯米糍粑，京族人借鉴其制作方法并赋予"白头到老"的特殊寓意，春节期间家家户户制作白头饎作为待客食品，使其成为京族传统特色食品之一。京族的年粽，以前是小型的四方粽子，但是这种粽子不易保存。后来京族也学来了壮族的大粽粑的做法，形体和捆绑方式上都和壮族大粽粑相似。这种大型年粽已成为京族人拜年的必需品。

建筑方面，哈亭本身就很有多民族文化融合的特质。从墩柱、亭角、屋顶及亭内的雕画及装饰风格来看，哈亭具有浓厚的汉族、壮族及越南越族的建筑特色。普通民居式样几经变迁，现今的建筑风格更是受到了周边民族潜移默化的影响。20世纪90年代以来，京族人纷纷盖起了独立的小洋楼。由于越族人擅长法式建筑装饰技术，京族人多聘请他们来给自己的小洋楼进行外立面装饰。这种法式风格的小洋楼也深受当地汉族人的欢迎。

语言文字

经过100多年与当地粤方言的接触，中国的京语与越南语相比，呈现出一些差异。在语音系统上，由于粤方言词的大量借用，京语增加了几个辅音和元音；在词汇上，近现代的文化词、科技词，用的更多的是粤方言借词。一些新造的词，也都是以粤方言音作为造词材料，这与原先的用汉越音造词大不相同。在语法方面，也有向粤方言靠拢的倾向。在语言的使用上，大部分京族人都会粤方言，可以说，大部分京族人都是双语人，单纯会京语的人已经不多了。一些京族人已经实现了语言转用，只会说粤方言。在一些村落，如竹山，是京、汉、壮杂居的村组，通用汉、壮两种语言，京族人不会讲京语。京族在不同的场合与不同的交际对象，也分别使用不同的语言。语言、语码的转换非常常见。在一些汉、京两族杂居的地方，不少汉族人也会讲京语；嫁入京族家庭的汉族媳妇，不到一年也掌握了京语。这是京、汉语言的相互影响在个人语言使用上的微观体现。

由于历史原因，越南有相当长的时间使用汉字，因此汉字是京族一直使用的书面工具。大约在公元9世纪，越南出现了记载本民族语言的土俗字——"喃字"。它是采用汉字的构字方法、借汉字的整体或部分来记录京语语言的文字体系。该文字在越南本土产生，京族人民把它带到了京族三岛地区。由于京族三岛京语的语音、词汇等与越南语有些差别，加之与汉族的接触深度、广度都与越南不一样，因此京族地区的喃字也有一些不同于越南喃字的特点。

民间文艺

汉族的民间文学对京族具有较大的影响力。汉族民间传说《梁山伯与祝英台》《董永的故事》在京族地区流传较广，并经过京族民间艺人不断加工和改编，逐渐具有了京族的一些社会文化特点。值得指出的是，京族民间故事《金仲与阿翘》，是京汉文学交流、各种文体不断演化的结晶。它历经中国历史事件→中国史学家的史书记载（编年体和纪事本末体）→中国作家文学（汉语古文短篇小说→汉语话本短篇小说→汉语话本长篇小说）→越南作家文学（越语六八体

叙事长诗）→京族民间长歌与故事（京语演唱、讲述和汉语
粤方言讲述）的演变轨迹，成为京汉两族文学文化互动的
结晶。

　　独弦琴的古老乐曲多来自越南，但在发展过程中也不断吸
收汉族、壮族的音乐元素，充分体现了京、壮、汉诸民族的文
化交流与相互影响。

　　节日习俗

　　在文化习俗方面，京族受到了汉族、壮族的影响。如京
族原先是在农历新年前祭祖扫墓的，后来一些地方也逐渐和
汉族一样于清明节扫墓了。京族传统是不过重阳节的，但随
着族际交往的频繁，近年来也过起了重阳节。节日这天，老
人们在哈亭举行歌圩，歌唱生活、抒发感情，其乐融融。在
祭祀方面，京族人的祭品中有一块肥猪肉，通常不用瘦肉，
并且鸡杂和鸡血是和鸡放在一起，这些习惯与越南的不同，
但是与壮族的风俗一样。京族过年期间各家的祭祀活动都要
过了中午 12 点才开始举行，而越南京族没有这样的风俗，
这与壮族一样。

　　作为一个海洋民族，京族人种植水稻是向周边的汉族、壮
族学来的。京族的"食新米节"有可能是受到了壮族的影响。
农历正月至二月，京族人在村里的哈亭或者村里的一些庙宇
（如本村土地庙等）或自己家里都会举行许愿（祈福）活动，
具体的日子不确定，从正月初六至二月底都可以进行。年底的
时候则要"还愿"（京族人称之"还福"），以感谢一年以来诸
神保佑之恩。还愿的时间也不确定，腊月十六日至二十八日

（年三十前一天）均可，在哪里许愿就在哪里还愿。京族人许愿、还愿祭祀仪式在古代就有了，但是越南没有这种习俗。壮族人有许愿、还愿仪式，广西汉族人有还愿仪式，他们的祭祀时间、祭品和京族也非常相似。

信仰崇拜

壮族的"花"崇拜被京族文化所吸收。如给新生儿"定花根"、给体弱多病的小孩"盘花根"、给上了年纪的老人"添命粮"等，无不是受到了壮族"花"神崇拜的影响。京族实行二次葬、屈肢葬，这些习俗也和壮族是一样的。其他如婴儿出生做"三朝"、姑娘"哭嫁"、老人去世前"迁床"等，无不是跟周边汉族、壮族文化互动影响的结果。

文化变迁、文化互动是不可避免、不可阻挡的，也从未停止过。京族文化的变迁也是如此。在一定的地理区域内生活的各民族，经过长期的共同生活、交往，从而形成具有多元文化特点的多民族社区。各民族文化的相互影响与互动，营造了一个多元文化氛围。通过文化桥梁达到各民族心理的沟通和理解，使民族团结向深层次发展，对加强民族团结、构建和谐社会是有重要的现实意义的。京族文化的变迁及与各民族的文化互动实际上是一个不断吸收、融合与创新的过程。

参考文献

［1］《京族简史》编写组：《京族简史》，广西民族出版社，1984。

［2］广西壮族自治区编辑组编《广西京族社会历史调查》，广西民族出版社，1987。

［3］广西省民族事务委员会：《防城越族情况调查》，广西省民族事务委员会编印，1954。

［4］广西壮族自治区地方志编纂委员会：《广西通志·民俗志》，广西人民出版社，1992。

［5］广东省地方史志办公室编《广东省历代方志集成·廉州府部·防城县志》，岭南美术出版社，2008。

［6］马居里、陈家柳：《京族：广西东兴市山心村调查》，云南大学出版社，2004。

［7］吴满玉、冼少华等编著《当代中国的京族》，广西人民出版社，2005。

［8］黄贤林、莫大同等：《中国人口·广西分册》，中国财政

经济出版社，1988。

［9］周建新、吕俊彪：《从边缘到前沿：广西京族地区社会经济文化变迁》，民族出版社，2007。

［10］央吉：《京族毛南族人口研究》，中国人口出版社，2003。

［11］黄有第：《京族文化的传承与发展：防城港市京族文化研讨会论文集》，广西人民出版社，2008。

［12］广西壮族自治区卫生局药品检验所：《广西民族药简编》，广西壮族自治区卫生局药品检验所印，1980。

［13］韩肇明：《京族》，民族出版社，1993。

［14］李耀宗：《中国少数民族谚语选》，四川人民出版社，1985。

［15］何思源：《中国京族》，宁夏人民出版社，2012。

［16］韦树关：《京语研究》，广西民族出版社，2009。

［17］管华诗、耿美玉、王长云：《21世纪——中国的海洋药物》，《中国海洋药物》2000年第4期。

史话编辑部成员

图书在版编目(CIP)数据

京族史话 / 何思源编著 . -- 北京: 社会科学文献
出版社, 2018. 12
(中国史话)
ISBN 978 - 7 - 5097 - 9988 - 8

Ⅰ.①京… Ⅱ.①何… Ⅲ.①京族 - 民族历史 - 中国
Ⅳ.①K288. 2

中国版本图书馆 CIP 数据核字(2016)第 272332 号

"十二五"国家重点图书出版规划项目

中国史话·文化系列
京族史话

编　　著 / 何思源

出 版 人 / 谢寿光
项目统筹 / 王玉霞　　责任编辑 / 王玉霞

出　　版 / 社会科学文献出版社·史话编辑部(010)59367143
　　　　　地址:北京市北三环中路甲 29 号院华龙大厦　邮编:100029
　　　　　网址: www. ssap. com. cn
发　　行 / 定制出版中心(010)59366509　59366498
　　　　　市场营销中心(010)59367081　59367083

印　　装 / 三河市尚艺印装有限公司
规　　格 / 开　本: 889mm × 1194mm　1/32
　　　　　印　张: 4. 875　字　数: 104 千字
版　　次 / 2018 年 12 月第 1 版　2018 年 12 月第 1 次印刷
书　　号 / ISBN 978 - 7 - 5097 - 9988 - 8
定　　价 / 25. 00 元

本书如有印装质量问题,请与读者服务中心(010 - 59367028)联系